億万長者になりたい人だけの

不動産投資判断の基礎講座

石橋克好 CPM

○住宅新報社

まえがき

成功したいのなら、この本をお読みください。

成功しているのは1％の人たちです。

残りの99％から脱出するためのノウハウを公開します。

このノウハウで成功確率を99％にして、1％の成功者の仲間に入りましょう。

なぜ、そんなノウハウを公開してしまうのでしょうか。

　99％の人の中には、多くの本を読んで勉強し、不動産投資を行っている人も多いと思いますが、そもそも勉強している本が間違っていたり、肝心な成功ノウハウが公開されていなかったり、隠されていたりするのでは成功するはずがありません。また、投資をしようと考える人の中には、今の環境から抜け出したいがために一生懸命働いて貯めた虎の子を投資している人もいると思います。一生懸命働いて、一生懸命貯めた虎の子が、消えてなくなることほど不幸な出来事はありません。
　ノウハウを公開するのは、まじめで一生懸命働いている人に、ぜひ損をしないように、また騙されないようにしていただきたい気持ちからです。
　ノウハウといっても、成功している人は誰でも知っている知識です。その知識を多くの人が知らないだけです。知らないのですから、知っている人にはかなうはずがありません。
　それと、不動産投資の知識は学問ではありません。学術的に検証している大学や大学院の先生方もいらっしゃいますが、われわれに

必要なのは不動産投資というフィールドの最前線で勝ち残っていくための武器、つまり知識武装が必要なのです。

　不動産投資のフィールドには、一生はい上がってこられそうもない落とし穴もあれば、逆に思いがけないチャンスが目の前に多く転がっていることもあります。成功者は落とし穴には近づかず、チャンスだけを拾い続けているのです。このチャンスに気づくことができるのがわずか１％の人たちなのです。

　たった１％の人たちと思うかもしれませんが、たった１％の人たちしかチャンスを拾う権利がないのです。１％の人たちしか成功しないのですから、ノウハウを公開してもライバルが多くなるわけではないので大丈夫なのです。

　みなさんも１％の仲間入りをしたくはありませんか。

　たった１％しかないのに仲間入りできるのか、不安に思っている人はいませんか。

　日本国民の人口は、約１億2,776万人です。20歳から70歳までの人口が約9,700万人います。このうちの１％が成功者ですから、成功者は97万人ということです。これは新幹線の9,700車両分に当たり、東京発博多行きの新幹線が満席で約1,300人の乗車ですから、博多行き新幹線746台分になります。すごい数ですね。　これで、不安がなくなったと思います。

　１％の成功者になりたいですか？
　そのためには条件があります。

　その条件をクリアできないと成功の確率はどんどん低下していきます。

　心配はありません。本当に簡単なことですから。そして、その簡単なことを身に付ければ成功します。

　それはなぜか？　お話ししましょう。

成功したいのなら、当たり前ですが基本知識が必要です。
今、この本を手にしてこのページに目を落とした人は、
・不動産投資で成功したい、儲けたいと考えている人
・不動産投資とは何か知りたい人
・不動産投資の本を今まで何冊か読んだ人
・不動産投資の本を読み投資したが、あまりうまくいかなかった人
etc.
以上の人が多いと思います。その人々の多くは、まずは失敗したくない。失敗しないためにはどうしたらいいのか。他人はどうしているのか。成功する方法を教えてほしい。つまり情報が欲しいから本書を手にしたのではないでしょうか。しかし、情報だけを得てもどうしようもありませんよね。その情報を理解できる知識がなければ。

今この文章を読んでいる人で、現時点で不動産投資の知識がまったくなかったとしても本書を読んでいただければ、不動産投資の成功確率が信じられないくらいアップします。

それは以下の理由によるからです。

成功するための条件のひとつに知識があります。知識は、何か事を成すうえでの基本です。

「私は不動産投資の本を読んで、こんなに利益を得ました」という人の話はめったに聞きません。それは、多くの不動産投資の本が書店に並び多くの人が購入し読破していますが、たいがいの本は不動産投資の知識（基礎）を得るための本ではなく、不動産投資で成功した人が自分の投資体験や自分の投資過程を披露し自慢しているだけの本だからです。

マリナーズのイチロー選手が、『メジャーリーグで成功するバッティング』という本を書いたとします。メジャーリーグへ行きたいと思っているアマチュア選手がその本を購入して読んだところで果たして何人の人がメジャーへ行けるのか、想像がつくと思います。イチロー選手はその方法で成功しているかもしれません。しかし、

イチロー選手は成功する前に、しっかりとバッティングの基礎を身に付けていたはずです。そのうえで自分にとってベストなバッティングフォームを身に付け、努力を重ねることによりたどり着いたバッティングの方法なのです。ですから、いくらイチロー選手の今のバッティングフォームを勉強したり、真似たりしてもメジャーで成功する確率はきわめて少ないことはお分かりになると思います。

野球において、小学生や中学生を指導する監督やコーチ、甲子園大会へ出場する高等学校の監督やコーチが指導する基本は同じだと思います。空手においても基本型の上に組み手があります。剣道や他の武道においても同じだと思います。

不動産投資においても同じです。
学ばなければならない基本的な考え方があります。

本書は、不動産投資を始めようとしている人はもちろん、今までの投資に納得ができない人、不動産業界に従事しているが不動産投資を専門としていないため知識を身に付けたい人など、不動産投資にかかわるすべての人に不動産投資に必要な基本的な考え方を理解していただくために書きました。また、不動産投資のみならず賃貸不動産経営においても非常に大切な知識となります。

この本は、基本中の基本です。ここまで知識を持つ、覚えるのは面倒だと思われる人は、不動産投資には向いていません。それでも不動産投資をしたい人は、アセット・マネジャーまたはプロパティ・マネジャーを雇い、費用を払って投資を行ってもらうほうがベストかもしれません。

そうではなく、最後までお読みいただいた人は、きっと不動産投資で失敗しない方法の基礎を身に付けられることでしょう。

この本を基本に各章の内容を掘り下げていただければ、すばらしい知識が身に付き、すばらしい投資を成功させる確率が増えることでしょう。この本は基本中の基本ですが、この本だけでも十分に投

資の判断ができるようになると思いますし、不動産に対する見方が大きく変わることと思います。
　不動産投資で成功したい人のお力になれることを祈りつつ、本文に入っていきましょう。

もくじ

はじめに …………………………………………………… **10**

投資の基本編

第1章　投資とは何か。知っていますか？

なぜ投資をするのでしょうか。投資とは何でしょうか ………**20**
　　　　投資について語り合うことで、投資の姿が見えてきます。

キャッシュフロー ……………………………………………**21**
　　　　投資でいちばん欲しいのはキャッシュフローです。

複利のマジック ………………………………………………**24**
　　　　投資はお金にマジックをかけること。だから、種も仕掛けもあるのです。

マネーマネジメントファンド（ＭＭＦ）…………………**28**
マネーマーケットファンド（ＭＭＦ）……………………**28**
債　権 …………………………………………………………**28**
株　式 …………………………………………………………**30**
ミューチュアル・ファンド …………………………………**31**

不動産投資の基本編

第2章　不動産投資とは何か。知っていますか？

不動産投資をするときには、どのような考え方が必要なのですか？
……………………………………………………………………**38**
　　　　数ある投資商品はそれぞれ違った特性を持っています。不動産投資をする際には絶対、投資家は不動産の特色と不動産による投資の特色を知らなければなりません。

不動産投資の特徴を理解しておきましょう ………………**39**
不動産投資の目的をハッキリさせましょう ………………**42**

投資には判断が必要です。目的が明確でなければ判断もできません。成功するための判断は、目的が見えていないとできません。

不動産投資は自己責任投資 …… 45

不動産投資には判断場面が多く登場します。この判断をするのは投資家です。

第3章　不動産投資を失敗しないための判断

デューデリジェンス …… 50

判断に必要なものは正しい情報です。不動産投資にもマーケットはもちろん、不動産そのものの情報が必要です。不動産の情報を収集しましょう。まずは今の状態を知ることが必要です。

物件の調査（エンジニアリングレポート） …… 50
法的調査 …… 57
経済的調査 …… 60
経営的調査 …… 61
市場調査 …… 61
将来のリスクに対する予測 …… 63

将来、投資不動産がどのような状態なのかを調査することはできないので、予測が必要です。

第4章　不動産の価値

都心部にもある原野とは …… 68

原野は山奥ばかりではありません。都心にも姿を変えて原野が潜んでいます。

収益還元法で求める不動産価値・価格 …… 70

何はなくとも、家賃は欲しいのです。

キャッシュフローの重要性 …… 78
キャッシュフローの流れを知る …… 81

家賃はあっても、利益がなければ　くたびれもうけになってしまいます。

不動産投資の決断計算 …………………………………………………92

理論は分かっても、実践する前には計算とプランを。

コラム …………………………………………………………………98

不動産金融理論の基本編

第5章　投資不動産の価値の測定方法

不動産投資に必要な時間的価値を知らなければならない …………100

不動産にも賞味期限はありますか？

現在価値に割り引く意味は ……………………………………………102

投資不動産購入に不可欠なディスカウント・キャッシュフロー法 …103

ディスカウント・キャッシュフローって難しそう？　そんなことはありません。みんなが難しく思っているだけです。小学生でも理解できます。

割引率と還元利回りの重要性 …………………………………………107

投資期間の利益を測定し、投資結果を知らなければならない。 ……117

投資の成果を予測する測定装置—正味現在価値（NPV）と内部収益率（IRR）

不動産投資実務の基本編

理論を理解したら即実践。
投資はそんなに甘くありません。実践において必要なものがあります。

第6章　投資不動産購入判断をするためのツール

自己資金と借入金 ………………………………………………………126

投資資金を借りられる不動産投資。それって得なのですか？　損なのですか？
投資収益率（ROI）と自己資本配当収益率（ROE）ってどこが違うの？

レバレッジ効果 …………………………………………127
　投資効率があったと思ったのに、損をしていたなんて絶対にいやだ。
　だから、損をしていないかを見極める方法を教えます。

投資不動産の購入判断をするためのツール …………………129
　不動産投資という海へ船出して、航海するには羅針盤が必要です。その
　羅針盤を手に入れましょう。

ローン資産価値比率（LTV） ………………………………………129
ローン定数・ローンコンスタント（K％） …………………………131
債務回収比率（DCR） ………………………………………………135
損益分岐点（BE％） …………………………………………………136
例題を使って見てみましょう ………………………………………137

不動産投資基礎練習編

第7章　事例研究

　一に練習、二に練習、三・四も練習
　実践前の練習が必要なのは百も承知。練習してみましょう。

購入判断のトレーニング　その1 ………………………………142
購入判断のトレーニング　その2 ………………………………145
投資判断のトレーニング　その3 ………………………………148
購入判断のトレーニング　その4 ………………………………153

まとめ …………………………………………………………………172

巻末　付録 ……………………………………………………………175

はじめに

　人は、生活に必要な金銭を得られれば幸せと感じるでしょうか。当然に生活できることの喜びを感じないはずはありませんが、人は贅沢なもので、生活が成り立つと次にほんの少し贅沢をしたくなります。贅沢は決して悪いことではありません。定期的に入ってくる収入が生活にかかる費用より多ければ、その余剰分を贅沢に使えばいいのですが、その余剰分と自分のしたい贅沢とに金額的な開きがあったら、その贅沢はあきらめなければいけないのでしょうか。

　ただ、少しの贅沢（余裕）がなければ現在においてストレスが蓄積されるだけで喜びがなくなり、つまらないものになってしまいます。贅沢といっても、人によって贅沢の範囲は違います。贅沢を満たすために、人は一生懸命働き収入を得ます。その収入で資産を形成していくのです。

　資産形成の方法（お金をつくる方法）は大きく分けて3つのパターンから成り立ちます。

　1つ目の方法は、自分で動く、働くことによってお金を得る方法、つまり体（肉体）を資本として働くことによって賃金としてお金を得る方法です。これを仮に「労働力運用型」とします。

　2つ目の方法は、同じように体を使いますが、知力を使ってお金を得る方法です。今まで学んだことを応用したり、学問の蓄積を他の人に教えたり、新しい学問を創造したりすることによって賃金としてお金を得る方法です。これを仮に「知識力運用型」とします。

　3つ目の方法は、お金に働いてもらいお金を稼いでもらう方法です。まとまったお金を何かで運用することにより利益を得るという方法です。これを仮に「資本運用型」とすると、労働力運用型と知識力運用型は、自分を使い自分で所得、つまり自分を投資するのに比べて資本運用型はお金を投資していますので、投資期間中に労働力運用型と知識力運用型は拘束時間が発生しますが、資本運用型は体の拘束がないのでお金を稼いでいるにもかかわらず、自分は自由

にしていられます。遊んでもいられますし、労働力運用型、知識力運用型を併用してさらに稼ぐこともできます。

　労働力運用型、知識力運用型と資本運用型の違いは自分で行うか、他人に行ってもらうかです。自分で行うということは、自分の時間的価値の投資であり、他人に行ってもらえば、他人の時間的価値を買うという投資です。投資の基本は儲けることより損をしないことです。ですから、どちらが自分にとって有効な投資かを考えることで、自分のお金がやり方次第では増やせるのです。時間で見た場合、１日の自分の時間は24時間ですが、他人の時間を買えば１日が24時間から48時間、72時間にもなります。

　多くの人は、労働力運用型と知識力運用型によって　お金を稼いでいます。そして「もっとお金が稼げないかな」と必死に自分を使い、自分を投資運用していますが、限界があります。

　その反対側には莫大な資産を持っている人たちがいます。彼らも一生懸命に働いていますが、みなさんと同じ労働時間にもかかわらず、多くのお金を持っています。この人たちはまさに、資本運用型の投資を行っているからです。

　こう考えていくと、お金を稼ぐには資本運用型を選択するのがよさそうだと思います。また、爆発的に資産形成するチャンスがあるのも資本運用型のような気もします。しかし、資本運用型を使うにしても、資産形成をするということはそんなに簡単にできるものではありません。ただ、お金を投資すればよいというわけではありません。大切なお金が目減りしてしまうこともあれば、最悪、なくなってしまうことすらあります。

　お金を投資することにはリスクが伴います。よく「ハイリスク・ハイリターン」といいます。危険が伴うから、大きな利益が発生するという意味で使われています。逆に「ローリスク・ローリターン」という言葉もあります。危険が少ないから利益も少ない。しかし、

これをそのまま鵜呑みにするのは変だと思いませんか。そのまま鵜呑みにしたら、「投資」は「博打」と同じ意味になってしまいます。「ハイリスク・ハイリターン」は「一か八か」と同義語になってしまい、「投資」という考えではなくなってしまって資本運用型の資産形成はギャンブルだということになってしまいます。

　とはいうものの「資本運用型」はギャンブルと同じなのでしょうか。多くの投資家を見てみると、たいがいは「資本運用型」により資産形成をしようとしています。ですが、みんながみんな資産形成に成功しているわけではありませんよね。やはりギャンブル的な要素が強く失敗しているのでしょうか。昔からいわれるとおり地道に稼がなくてはいけないのでしょうか。

　巷には、いろいろな投資本が出版されていますが、どれも肝心なことが書かれていません。当然といえば当然です。自分が試行錯誤を繰り返し、やっと成し得た資産の形成方法の種明かしをしてしまっては、みんながその方法でマーケットに参入してきますので、自分の分配が少なくなってしまうからです。
　ＡＢＣＤＥＦＧＨＩＪＫＬＭＮＯＰＱＲＳＴＵＶＷＸＹＺ
　26文字のアルファベットを知っていれば単語を書くことができると思ってしまいますが、アルファベットの組合せを知らなければ単語にはなりません。
　車の運転を習うときも同じです。最初に車のパーツの名前を覚えます。ハンドルはこれ、アクセルはこれ、これはウインカー、そしてエンジンのかけ方を教わりサイドブレーキの下ろし方を教わります。現在出版されている多くの投資本は、車でいえば購入の仕方や走っている車のコーナーリングの方法、チューンナップ方法やアクセサリーパーツの話になってしまっています。車は運転するものというイメージがあるので、すでに運転できる気になって肝心な基本

が身に付いていないので、その気になって走らせていたら確実に事故を起こします。車の運転もしかり、英語を学ぶときもＡＢＣから覚えるように、投資についてもまずは基本から学ばなければいけないのです。

「投資で儲けたい」「資産形成をしたい」「可処分所得を得たい」と思っていても、何も知識がなければそれは無理な話です。すべてにおいて必ず「タネ」もあれば「仕掛け」もあります。必ずそこへ至るまでの原因があります。原因を理解していなければ結果はありません。「果報は寝て待て」は、ご承知のとおり、すべての原因を仕込んだから結果を待っているのであって、初めから寝て待っていて儲かることはありませんし、何も考えずに結果は出ません。

基礎を理解して投資をすることによってハイリスク・ハイリターンではなく、ローリスク・ハイリターンを実現し、爆発的に資産形成が成し得るのです。

お金を投資して（貸して）金利をもらう投資から、お金を株式に投資してお金を増やす方法を株式投資といいます。不動産投資はお金を不動産へ替えて（投資して）利益を得る方法です。ですので、そんなに簡単ではないのです。けれど、すべてを理解しなければ絶対に成功できないものでもありません。

本書は、数ある投資の中でも不動産投資を行おうと考えている人、不動産投資をすでに行っているけれど、いまひとつ満足がいっていない人の入門書であり、不動産業を営む不動産業者にとっても、不動産事業収支レベルの知識習得が不可欠であることを理解する入門書です。

時代は動きます
ウソッピー物語「ウサギとカメ」
　ウサギさんとカメさんが言い争いをしています。どちらが早くあ

の山の頂上へ行けるか。
ウサギ「おれ様に決まっているだろ」
カメ　「やってみなければ分からないよ。なら賞金かけて競争しようよ」
ウサギ「やめときな。大事なお金なんだろ。負ければゼロになってしまうのだから」
カメ　「大丈夫だよ。こちらにはデータがあるのだから」
ウサギ「データ？」
カメ　「なんでもないよ。それより勝負するのか、しないのか」
ウサギ「そこまで言われて、逃げたとあればウサギの名がすたる。いざ勝負」

　ウサギさんはさっそく、トレーニングを開始。実際のコースを走ってみて、コーススケジュールを綿密につくりました。カメさんは過去のデータから「ウサギは必ず心の隙が生じ、途中で休憩する。その隙に追い抜かしてしまえば私の勝ちだ。過去のデータを調べて作戦を立てるのは基本中の基本だ」と考えています。

　３日後、ウサギさんとカメさんは、山の頂上目指してスタートを切りました。スタートダッシュでウサギさんは大きく差をつけ余裕の走りを見せています。カメさんは歩みののろさでスピードには限界があります。しかし、カメさんは「ご先祖様が残してくれたデータがあるから、大丈夫」と自分に言い聞かせてマイペースで走っています。大きく水をあけたウサギさんは、事前に調べたデータを基に、計画どおりにポイントを通過していきます。

　ウサギさんの目に、頂上のゴールが見えてきたとき、心に隙が生まれはじめました。「だいぶ差をつけたな。ゴールも見えてきたからこの辺りで少し休憩しよう。少しぐらい休んでいても、当分カメさんは来ないだろう」

　一方、カメさんは「データ的にそろそろウサギさんは休憩に入り、

そのまま眠りこけてしまう頃だ。このまま走り続ければゴールはおれが先だ」

　カメさんは、休憩もせずにひたすらゴールを目指します。何時間もかかってカメさんにゴールが見えてきました。しかしゴール地点が閑散としています。カメさんがゴールしても誰も出てきません。山の麓へ何時間もかけて戻ると、みんなに「お疲れさま」と言われるだけで「おめでとう」の声はありません。そのはずです。すでにウサギさんがゴールし優勝してしまっていたからです。賞金はウサギさんのものです。カメさんは疲れただけで大事なお金を失ってしまいました。

　実は休憩をしようと考えたウサギさんは、もうひとつの考えと休憩を天秤にかけてどちらが自分にとってよい選択かを判断していたのです。このまま休憩をすれば楽かもしれないが、もし休憩中に眠ってしまったらカメさんに抜かれてしまう可能性がある。それならこのままペースダウンをしてでも走り続けたほうが確実にカメさんよりは早くゴールできる。休憩は今の自分にとってリスクとなってしまうのでやめよう、と考えたのです。

〔解説〕
　カメさんが用いたのは、過去のデータによる予測です。ウサギさんは、現状の状態や自分の実力をチェックし、リスクを比較する形で確実に勝ちを取りにいくパターンを使いました。過去のデータを用いて予測することも大切なことですが、ウサギさんのように現状の分析、つまり現在のリスクを計ることをカメさんがしていたら、この勝負自体なかったかもしれません。

　カメさんは過去のデータを基にウサギさんが寝てしまうと予測しましたが、寝ないかもしれないという予測を立てていません。寝ると寝ないは大きな違いで勝敗を決めるポイントでした。起こり得る

可能性をカメさんが検討しなかったことによって、または分析するということを知らなかったことによって負けてしまったのです。

ウソッピー物語「アリとキリギリス」

　ある夏の物語です。真夏の太陽が照りつける中、アリさんは一生懸命に食料を自分たちの巣へ運んでいます。朝早くから日が暮れるまで一生懸命に働いています。キリギリスさんは、毎夜のコンサートのために昼間は暑い太陽を避けて木陰で昼寝をして過ごします。

　夏が過ぎ、秋になるとアリさんは、冬の食料不足に備え貯蔵するため、相変わらず一生懸命に食料を巣に運びます。キリギリスさんは、だんだんと夜のコンサートの仕事が減り、時々昼間にコンサートを行いながら生活をしています。やがて冬となり森に雪がちらつき始めた頃、アリさんは冬の準備にかかります。今までせっせと働いて貯蔵した食料のチェックや暖を取るための道具を確認したりして大忙しです。キリギリスさんは、長らく留守にしていた自宅に帰り、どのように冬を迎えようか思案中です。夏の間はコンサートが連日でしたので食べ物の貯蔵もなければ、暖を取る道具の確認もしていません。森が雪で覆われすべての生命が眠りについたような極寒の中、アリさんは貯蔵した食べ物を計画的に食べながら生活をしています。計画的に貯めて、計画的に消費していますので、計画が狂わない限り生活は大丈夫です。ちょっぴり冬が長引いて、貯蔵していたものがなくなってしまわないかの心配はありますが、その心配事は毎年のことですから、仕方ありません。

　一方、どのように冬を過ごそうかと考えていたキリギリスさんの家は、電気も消えて住んでいる気配も感じられません。入り口も雪で閉ざされているので、誰も訪ねてもこないのでしょう。

　冬が過ぎ、春になり雪も解けて明るい太陽が輝きだした頃、アリ

さんはまた巣から飛び出して食料をせっせと運んでいます。冬の間にすべての食料を消費してしまいました。しかし貯蔵があったから冬を越すことができました。毎年毎年、同じ生活をしています。

　キリギリスさんの家を訪ねてみると、日焼けしたキリギリスさんが出てきました。キリギリスさんは、冬の準備に入るときにこう考えたそうです。「暖かいハワイで冬を越そうか、それとも電気屋さんに最新のエアコンを取り付けてもらい、毎日食料を運んでもらう宅配契約を行おうか」

　そして今回は行ったことのなかったオーストラリアに行き、コンドミニアムを購入したそうです。英気を養ったキリギリスさんは今年の夏もすばらしいコンサートをすると張り切っていました。

〔解説〕

　「労働力運用型」のアリさんと、「知識力運用型」のキリギリスさんの話ですが、両者の収入という面で考えるとさほど開きがあるようには思いません。ただ、アリさんは貯蓄をしていざというときに、それを切り崩しています。キリギリスさんはたぶん冬場は遊んで暮らしているのでしょうから、貯蓄を切り崩しているか、ほかに資産を持っているのかどちらかでしょう。今回はオーストラリアでコンドミニアムを購入しているので、もしかするとハワイやほかのところにもコンドミニアム等を所有していそうです。あとは予測になってしまいますが、自分が使わないときに他の人に貸して賃料収入を得ている可能性もありますね。その余剰資金がキリギリスさんに快適な生活を与えているのでしょうし、キリギリスさんも冬場のことや貯蓄が減っていってしまう心配をせずに済むのでしょう。キリギリスさんは「知識力運用型」と「資本運用型」の2つの投資を行い快適な生活を送っていたのです。

不動産投資に関する多くの本に書かれているのは、不動産の運用例を基に不動産の購入の仕方（物件探しから、購入契約の仕方）、節税方法、相続税対策、儲かる物件と損する物件の違い、そして法律（民法や借地借家法等）、媒介契約や重要事項説明の内容、経済動向を把握する方法など、不動産投資には必要な知識かもしれません。

　しかし、本来身に付けなければならない不動産投資の基本、すなわち、どういう考え方を基に投資をするべきなのかを説くべきはずなのに、不動産投資に必要な知識という基本を除いた部分を列挙することにより、読者にさぞ知識が豊かになったような錯覚をさせてしまう本が多いようです。

1　**本書は、ズバリ不動産投資で成功するための基礎を学びます。**

2　**本書は、投資における不動産の購入（賃貸不動産投資）の判断を学びます。**

3　**本書は、投資家やこれから不動産投資を行いたいと考えている人、不動産業界に従事されている人（投資部門とは限らずすべての業界人）に読んでいただきたいのです。**

投資の基本編

第**1**章
投資とは何か。知っていますか？

第1章
投資とは何か。知っていますか？

なぜ投資をするのでしょうか。投資とは何でしょうか

　投資をする目的のひとつに、「自由に使えるお金を多くしたい」「収入を増やしたい」「車、家を購入したい」とそれぞれ人により理由はバラバラだと思いますが、これはみなさんのストック（貯蓄）をある一定以上の大きさにしたい。フロー（収入）を増やすことによって安心したいという気持ちが作用しているからでしょう。

　例えば、

　Aさんが1,000万円の預貯金（ストック）を持っていたとしても、毎月の収入（フロー）がなかったら生活のために1,000万円の預貯金は時間の経過とともに減っていきます。

　Bさんは、預貯金がまったくないのですが、毎月50万円の収入があります。AさんとBさんの安心感はどちらが高いかというと、ストックがひたすら減り続くAさんより、フローが続くBさんのほうが安心度は高いことが分かります。安定的にキャッシュが入ってくる（フロー）のであれば、万が一に備えた貯蓄を持っているだけで、それ以外のストックを手元に置く必要がないのです。

　定期的にお金が入ってくるということは、お金を常に稼ぎ出す力が必要ではないかと考えることができます。いくら貯蓄があっても稼ぎ出す力がなければ安定はありません。もちろん最低限のストックは必要です。さらに、大きなストックと大きなフローがあれば、これに越したことはありません。でも、高い給料を会社からもらっても、会社が倒産してしまったらフローはとたんにゼロになってし

まいます。また、安い給料だとしても、それ以外にフローがあれば安定した生活が送れます。つまり、お金を稼ぎ出す力が重要だといえます。給料は自分で稼いでいるのですが、給料以外にフローがあれば、それは何かによってお金を稼ぎ出していることになります。この稼ぎ出す力が投資であり、安定・安心を生み出すものに投資をしていくことが重要です。

　そこで、最初にどれだけのストックとフローが必要なのかを知っておかなければなりません。どれだけのストックとフローが必要かを確認するためにまず、キャッシュフローを理解し覚えましょう。

キャッシュフロー
　現在、目の前にあるお金のことは考えやすいのですが、将来のことになると考えにくく（イメージしにくく）なります。長期にわたるお金の出入りをイメージしやすくするには、キャッシュフローを表にしてみることです。入ってくるお金をすべて足し、それから出ていくお金をすべて引けばいいだけです。計算はきわめて簡単です。難しいのは、先々に発生するであろう諸経費（経常的支出）やイベント費（臨時支出）のことを考え予測して、計画を立てる先見性と冷静さを持つことです。

　例えば、

給与収入	150,000円	支出	家賃・光熱費	70,000円
			車のローン	20,000円
			ガソリン代	20,000円
			保険代金	10,000円
			食費	30,000円
	150,000円			150,000円

　上記のように毎月の給与手取所得が15万円のAさん。このAさん

第1章 投資とは何か。知っていますか？

の毎月の支出が15万円だったら毎月末に残る金額は０円ということになります。これは、毎月のキャッシュフローが０円で余剰金が発生しませんので、貯蓄も０円ということになります。とりあえず、生活はできそうですが、不安がつきまとう生活になってしまいます。そんな生活を好まれる人は多くはいないと思います。そこで、家賃を下げるか車を手放して、車のローンとガソリン代の合計４万円を浮かせ、キャッシュフローを生み、貯蓄するのがよいのではないかということが、表をつくってみると明確に判断できます。

　このように、毎月キャッシュフローを出すことを考えると、車を持つか持たないかで、ぎりぎり生活か快適生活かに分かれることが容易に判断できるようになります。貯金や旅行や遊びなど、キャッシュフローを頭に置いて計画を立てれば、今何が必要で、何がむだかが分かります。車が欲しい。だから「ローンで買おう。でもキャッシュフローがなくなる」と考えると、毎月の収入＝支出で金銭的余裕がないので、今回は我慢しようとなります。逆に車を購入しなかったことにより、余裕が生まれます。収入が増えるまで車の購入を待つことにした判断が正しいことが分かります。

　このキャッシュフローの考え方で、収支を予測するのに大切なことがあります。それは、予測や推定する数字が正確あるいは正確に近い数字を予測できるかということです。先ほどの表で見てみると、本当に車のローンは２万円なのか、食費は３万円で足りるのか。２週間に１回くらいは、仲間と飲みに行かなくてもいいのか。それに、車を持つと税金がかかります。例題では税金が考慮されていませんでした。収支がマイナスでないからと車を購入してしまったら、あとで収支がマイナスになると気づいても後の祭りです。ですから、予測や推定する数字は正確でなければなりませんし、正確な数字を必要とします。

　次に、先ほどのＡさんですが、いったんはあきらめた車ですが日が経つにつれて欲しくて欲しくて仕方がありません。家賃を下げよ

うか、食費を切りつめようか日夜考えていますが、現実を見るとそれらの出費を下げることもできません。

　そこで考えたのがボーナスでの車の購入です。ボーナス時にローンを支払えば毎月２万円のキャッシュフローが出ますので、月々の生活は楽になります。ボーナス時に12万円ずつ年２回ローンを支払えばよいと思い、いそいそと車のディーラーの所へ出かけていきました。しかし、年24万円の支払いでは欲しい車が購入できないことに気づきました。月額２万円ばかりを気にしていたため、本来の分割ローンは月額２万円以外にボーナス払いが別途あることを、すっかり忘れていたのです。また、半年ごとに車両点検があり、当初３年後に車検、その後は２年ごとに車検があることもディーラーに説明され、Ａさんはついに車の購入をあきらめざるを得なくなりました。

　本当にＡさんが車を購入する方法はないのでしょうか。そんなことはありません。方法は２つ考えられます。１つ目は、キャッシュフローを上げるために収入を上げる方法です。簡単なやり方は、昼間働いて夜働いてまた、昼間働いて夜働く。休日もアルバイトをして収入を増やせば、キャッシュフローが出ますので、車が購入できます。しかし、この方法で車を購入したとしても車を運転する時間もなさそうですし、車を買いに行く時間もなさそうです。それより何よりＡさんの体が壊れてしまいます。

　２つ目の方法は、とりあえず車の購入をあきらめると、ローンの支払い代金とガソリン代に充てる予定の月額約４万円とボーナス時に支払おうと考えていた額のうち８万円を積み立てると、年間64万円のキャッシュフローを生むことができます。この額を３年間貯めれば、192万円の現金ができます。これで車を３年後に購入すれば、３年後の生活は車が購入できて毎月２万円のキャッシュフローが生まれますので、彼女ができてもデート代に困ることはなく、ましてや彼女にプレゼントなどしてカッコイイ生活ができそうです。

以上の2つの方法で考えると、2つ目の方法を選んだほうがよさそうですね。
　ここで、もうひとひねりして、毎月生まれる4万円のキャッシュフローを、うまく運用することができたら3年後の192万円が、もしかしたら200万円に、うまくいけば230万円になっている可能性も考えられます。そうなればもっとカッコイイ車が購入できるかもしれませんし、最初に買おうとしていた車でもカーステレオやナビゲーションシステムなどのオプションを付けることも可能かもしれません。では、毎月4万円とボーナス時の8万円をどのように運用すればいいのでしょう？
　いちばん簡単なのが銀行等の金融機関へ預金することです。金融機関に預金すると金利が付きます。この金利が何％ということでお金がお金を生み、増えていきます。金利も種類があり、単利と複利があります。どんな金利でもいいと考えていると将来大きな差になってしまいます。
　単利は預けたお金が1万円で金利5％だとすると、1年後には1万円が500円を稼ぎ出してくれます。
　複利は、同じように預けたお金が1万円で金利5％なら、1年後には500円のお金を稼ぎ出してくれます。1年後では単利と複利は差がありませんが、それ以降はだんだんと差が出てきます。単利の2年目はまた500円、3年目も500円、4年目も500円を確実に稼ぎ出してくれます。一方、複利では500円でなく525円を稼ぎ出してくれ、3年目は551円を、4年目は578円を稼ぎ出してくれます。こう見るとお金を運用するには複利のほうが得なようですね。
　次に複利について理解し、覚えましょう。

複利のマジック
　インディアンがアメリカのマンハッタン島を24ドルで売ったことは有名な話です。今の時点で考えると「マンハッタン島が24ドル！

安い」と思うかもしれませんが、当時としてはどうだったのでしょうか。

　インディアンがマンハッタン島を24ドルで売ったのが1626年です。仮に24ドルを金利7％複利の金融商品に投資していたら、2006年の380年後には99,183,497,169ドル、なんと約991億ドルになっています。この991億ドルで今マンハッタン島が買えるかを考えてみると、当時の24ドルがどんな価値か想像することができます。

　このように380年前の24ドルと今の24ドルを比べても意味のないことが理解できるとともに、お金をそのまま置いておくと価値が下がっていくものだということが分かります。380年前には現在に置き換えて991億ドルの価値があったものを、そのまま380年箱にしまい続けたら、2006年には24ドルの価値しかなくなってしまったということです。お金も生ものみたいです。生肉をそのままにしていたら腐ってしまいます。ですから、冷蔵したり、腐る前に加工したりして食してしまいます。お金もそのまま放っておくと価値が薄れ、しまいには価値すらなくなってしまうこともありそうですので、取扱いには十分な注意が必要です。

　マンハッタン島に話を戻して、380年という年月が経っていますが、24ドルがどのようにして991億ドル、約41億2,916万倍になったのでしょう。すぐにお分かりだと思いますが、利息が利息を生む複利によって運用されたからです。複利計算は一定期間ごとに利息を元本に繰り入れた元利合計に対して利息が付くからで、それを何回、何十回、何百回と繰り返すうちに24ドルが991億ドルになっていったのです。

　同じ複利は複利でも複利回数によって金額の増え方が変わってくることにも注目しましょう。例えば1万円で年利4％の金融商品を買います。2年後に現金化しようと思います。どちらの商品がお得ですか？
A商品　　年1回の複利

B商品　　年4回の複利

計算式①　　A (10,000円×1.04)×1.04＝10,816円
計算式②　　B 4％÷4回＝1％
　　　　　　10,000円×1.01×1.01×1.01×1.01×1.01×1.01×
　　　　　　1.01×1.01≒10,828円

　計算式①は年1回、②は年4回複利の計算式です。AとB（①式と②式）を比べるとわずかではありますが、Bの増加のほうが多いです。このように同じ金利でも複利計算の頻度が高い金融商品のほうが利回りが若干高くなることが分かります。

　また、①式、②式から、投資金額が利回りの何％で、どれくらいの期間運用すればいくらになるかという式が分かります。通常、複利でいくらになるかという額を投資額の将来価値といい、計算式③で求めることができます。

計算式③　　将来価値＝投資額×（1－金利)^{期間}
　　　　　　FV　＝PV　×（1－r)^n

> 将来価値をFV（フューチャーバリュー）、
> 投資額を現在価値としてPV（プレゼントバリュー）、
> 利回りをr、
> 回数・期間をnで表します。

計算式④　　FV　＝24ドル×（1＋0.07)^{380}
計算式⑤　　FV　＝10,000円×（1＋0.05)^5

　インディアンの24ドルも年1回の7％複利で計算すると、計算式④になります。この計算式③はいろいろなケースに応用できます。例えばインフレの物価に対する影響を計算するのにも使えます。イ

ンフレ率5％の場合は計算式⑤となります。これは、現在1万円のものが、5年後に購入しようとしたら12,762円なければ買えないことを表しています。

　仮にインフレ率が5％の時代に金利3％でお金を銀行に預けていたとすると、預金は確かに増えますが、インフレ率より低い利回りのため、預入期間が長ければ長いほどお金の価値は少なくなってしまいます。5年後に100万円の車を購入しようと思ったら、100万円になる複利貯蓄をするのではなく、利回りと複利の回数とインフレ率とを考えて運用を考えなければなりません。

　このように見てくると、お金持ちになるには投資を行うことも必要なようです。しかし、気まぐれや人に言われたから、あるいは成り行き任せで投資をしても、成功するか失敗するか最初に言った「一かハか」の賭博と同じになってしまいます。投資はギャンブルだと思っている人や、ギャンブルと同じだと言っている人は正しく投資判断ができない、基礎的知識を持っていない、または学ぼうとしなかった人たちです。

　逆に基礎知識を学んだり、習得している人は、投資によってどれだけの見返りが見込めるかが分かっているので、確信を持って損はしづらくなるといえます。また、自信もつくので人の言葉を鵜呑みにすることもなくなり（騙されることもなくなり）、投資を見抜く力がつきます。

　投資といってもいろいろとあります。みなさんがご承知の投資には不動産投資、債券や株券への投資などがあり、またそれぞれに商品としての性格や扱い方、運用の仕方も違います。本書は不動産投資による資産形成を目指しますが、不動産投資を見る前に同じ投資である金融投資商品も一応どのようなものなのかを知っておき、不動産投資は他の金融投資商品とどのように違うのか、なぜ不動産投資がよいのかを確認していきましょう。

不動産投資以外の投資といっても投資商品には様々なものがあります。それぞれの性格と特徴を見ておきましょう。

マネーマネジメントファンド（MMF）

短期国債（TB）などの短期公社債、譲渡性預金（CD）、コマーシャルペーパー、及びコールローンなどで運用され、その運用実績に応じて収益の分配が行われる「実績分配型」の投資信託で、公社債投資信託商品に属します。毎日決算が行われ、日々の収益の分配金は、1カ月分がまとめて税引後毎月最終営業日に再投資されることから、1カ月複利での運用効果が得られます。1円以上1円単位でいつでも出し入れ可能であることから、換金性という面ではかなり自由度が高い商品といえます。投信会社により設定・運用され、過去7日間の平均利回り（実績）が店頭に表示されています。

マネーマーケットファンド（MMF）

外貨建て短期金融市場をマネーマーケットといいます。そこへ投資するファンドのことです。特徴としては貯蓄銀行口座に似ています。お金の出し入れが容易にできます。元本保証で変動金利です。外貨建てですから外国為替変動の影響を受けますが、外貨預金よりは為替レートの差が小さく高金利です。また、為替差益は非課税です。金利が上昇しているときは魅力的ですが、逆に金利が低下しているときはそれほど魅力はなくあまり資産が増えません。金利が変動するときにマネーマーケットファンドと反対の動きをするのが債権です。

債　権

利息の支払いと、満期が来たときに元本を返済することを約束する証券です。国債や地方債、社債のことです。社債は国債よりも通常利回りは高いが、その分リスクも高い。債権は表面利回りを年2

回受け取ります。期間金利は固定されていて、発行者は毎年額面金利をきちんと支払います。したがって、市場金利が上がっても下がっても債券保有者が受け取る利息に変わりはありません。ただし、金利は銀行預金やMMFと違って半年ごとに受け取りますが、複利で増えることはありません。債権の特徴としては、満期前に売買が可能なことです。市場で取引が行われるということは額面（その債権を購入したときの価格）とは異なる金額で取引が行われることです。例えば、債権の金利より市場金利が高い場合は債権より低く取引され、市場金利が低い場合は債権額面より高く取引されます。では、満期日まで5年（10年もの）を残す額面100万円利回り5％の債権があって、市場金利が3％だった場合は、この債権はいくらで市場価格を付けるでしょうか。

　あなたは、市場金利3％より高い金利4％を実質的に欲しいと思っています。債権市場で10年満期利回り5％、満期日まで5年の債権が売り出されています。この債権をいくら以下で購入すれば実質金利4％をキープできますか？

方程式①（金利を求める式）

$$回(y) = \frac{\{額面金額(P) \times 債権の表面利率(r) + (P - マーケットプライスB) \div 満期までの残期間(N)\}}{(P+B) \div 2}$$

方程②（マーケット価格を求める式）

$$マーケット価格(B) = \frac{\{2Pr + \left(\frac{2}{N-Y}\right)P\}}{\left(\frac{2}{N+Y}\right)}$$

これを求めるには金利を求める方程式（方程式①）を展開して、

マーケット価格Bを求める方程式（方程式②）を用いて計算すれば、いくらで購入すべきかが分かります。

このように市場での金利の動きにより債権のマーケットが形成されます。金利が債権利回りより上昇している場合は、額面額を割り込み、また下落しているときはその逆になります。

基本的に国債や地方債の安心度は高いですが、企業の発行する社債はリスクがそれに比べ高くなります。当然に利払い額は高いでしょうが、リスクも高くなります。リスクは満期が来たときに額面を償還できない可能性があるからです。発行企業が倒産した場合、利払いは停止し、債権は紙くずになるおそれがあり、債務不履行（デフォルト）になってしまいます。デフォルトの可能性が高い債権はジャンク・ボンド（屑）と呼ばれ、販売する側は「高利回り債」と呼びますが、市場価格が額面を下回っている債権です。社債を購入する場合には、債務をきちんと履行できるかどうか発行企業のことをよく調査する必要があります。

株　式

株式は会社の共有権であり、株主は会社の部分的なオーナーになることを意味しています。ここが債権と違うところです。債権の保有者は債権者であり、会社は債権者に対して債務を履行する責任義務を持っています。また、会社は債権者に対する債務ができなくなると破産を申し立てることになります。一方、株式を所有する株主は会社の成長の分け前に預かることになりますので、会社が利益を上げていればその会社の株主は利益の分け前を預けることになりますので、分け前を受け取る権利を持っている株主の権利の証明書である株式を欲しいという人が増えてきて、株式を譲渡しようとすれば、分け前が多い会社の株式は市場での取引価格を上げることになります。通常、会社が株主に支払う利益を配当といいますが、会社の利益が多いから株主が受け取る配当も多いとは限りません。企業

によっては、より企業の成長を計画し、配当よりは研究開発や広告、マーケティングに企業利益をつぎ込む企業もあります。

　株式購入者の目的は高いリターンを得ることに多くの関心が注がれます。値上がり益と配当を合わせたものがリターンで利益となります。よって、株の値上がり益と配当をすべて足して手数料等を差し引いて、株の購入時の価格で割ったものが株式の利回りになります（例題のように考えます）。

ミューチュアル・ファンド

　投資を目的とする株式会社の株を多く購入することにより多くの利益を得たいと考えますが、それには多くの資金を必要とします。また、多くの有望な株式を購入することによりトータルで見た場合、一企業株への投資よりよい利回りを作り出すことも可能です。ミューチュアル・ファンドは複数の企業の証券の共同保有者になることを意味します。

　株式ファンドの場合は様々な企業の株を、債権ファンドの場合は様々な公社債を組み入れます。通常、目論見書を読むことによりミューチュアル・ファンドの内容を確認し、組み入れられる証券の種類とこれまでの運用実績を読みます。

〔例題〕

ジョンソン社	1株	90円	1年後	100円	1年後配当 5円
アメリカン社	1株	50円	1年後	40円	1年後配当 0円
パシフィック社	1株	60円	1年後	60円	1年後配当 0円
アリゾナ社	1株	20円	1年後	21円	1年後配当 1円
ニッポン社	1株	100円	1年後	130円	1年後配当 10円

　このファンドの現在の資産価値は320円です。1年後の資産価値

は357円です。1年後の資産の増加は37円で利回りは320分の37で12％となります。個別で見ると、

　　ジョンソン社は　　　16.67％
　　アメリカン社は　　　－20％
　　パシフィック社は　　0％
　　アリゾナ社は　　　　10％
　　ニッポン社は　　　　40％

となります。

　ジョンソン社とニッポン社とを個別に購入している場合と比べれば、このファンドの利回りは低くなってしまいますが、アメリカン社・パシフィック社・アリゾナ社よりは高い利回りをつくっています。

　最高のパフォーマンスをした銘柄よりは利回りは低いですが、このように複数の銘柄を組み入れたミューチュアル・ファンドを買うとリスクが低下します。リスクを分散し確実にプラスの利回りを狙う商品としてミューチュアル・ファンドが開発されました。ミューチュアル・ファンドは運用手数料（株式売買の委託手数料・ファンドを運用する人に支払う給料、事務処理にかかる経費等）がかかり、期末資産価値より何％かが引かれます。また、「ロード・ファンド」といって、運用販売している証券会社を通さなければ購入することができないものもあります。この場合は販売手数料（ロード）が取られます。ただし、ファンドによってはノーロード型（販売手数料なし）もあるので、組み込まれている銘柄と手数料関係をよく考えて購入したほうがよいでしょう。

　MMF、債権、株式、ミューチュアル・ファンドこれ以外にも多くの投資商品があります。それぞれの商品の投資による利益がいつ還元されるかというと、投資期間が満了を迎えた、または売却したときです。これをキャピタルゲインといいます。MMFの場合は期

間中の金利の変化によりファンド（投資会社）より運用報告書が送られてくることにより、今どれくらいの利益が得られているかが分かりますが、満期になって初めて自分の受け取る金額のトータルの利回りが分かります。債権の場合は、終了利回りは確定できるので、社債等で会社がなくならない限り利益の予測はできます。また、市場金利が下がっているときは投資額より高い金額で債権を売却することができますが、これもすべて債権を換金する（手放す）まで、利益額と利回りが確定しません。同様にミューチュアル・ファンドも同じことがいえます。ただ株式は、キャピタルゲインの最たるものといえる購入価格と売却価格との差が利益です。配当もありますが、配当だけなら他の投資商品のほうがよいケースが多いので、株式はキャピタルゲインを狙った商品です。

　キャピタルゲインも狙えてインカムゲインも狙える投資はないのでしょうか？　今まで見てきた投資商品は、キャピタルゲインを狙った商品です。株式などは、配当が出て保有期間においても現金を手に入れられるケースもありますが、決してインカムゲインやキャッシュフローと呼べるような金額収入を得ることはできません。

　したがって、すべてがキャピタルゲインを狙った投資商品と位置づけられます。このキャピタルゲインも国債を除いては売却時の価格が確定しているわけではなく、また確実に利益を得られるという保証のものではありません。投資商品の多くが投資資本額を保証してはいませんし、マーケットの影響を確実に受けていますので、保有者が投資商品を自らコントロールすることができません。

　今までのことを復習しながら考えてみましょう。
　①お金をある商品に投資することによって、
　②投資され運用されている商品が様々な取引によって、
　③利益を発生させ、
　④その投資の見返りとして、

⑤投資した投資家に配当が分配される。

　この流れの中でいちばん肝心な箇所は、③の利益を発生させることです。利益がなければ見返りの配当は発生しません。つまり利益＝プラスのキャッシュフローが必要です。ということは、利益の源泉はキャッシュフローであるようです。利益が確定するのが売却時や期間満期時だけでなく、運用期間中も利益が入ってくる（投資額より売却額が大きくなりキャピタルゲインを得ることができ、また期間中に一定のキャッシュフローが定期的に入ってくるインカムゲインをも得られる）投資商品を探すことが、お金持ちへのいちばんの方法のようです。

　今まで見てきた投資は、自分で投資するかしないかを判断できますが、リスクまでは自分でコントロールすることはできません。爆発的にとはいえないまでも投資商品を販売した会社が倒産しようと業績が悪化しようと自分のやり方次第で安定的にお金を得られる投資、これが他の投資にはない不動産投資です。

　不動産投資とは、キャッシュフローの源泉が不動産によるということです。不動産投資は、毎月安定した収入（インカムゲイン）を得られる手堅い収入源を持っています。また、不動産投資には大きなお金がかかるのが特徴ですが、株式や債券・MMFなどの金融商品は銀行や信用金庫からお金を借り投資することができませんが、不動産投資はあえてお金を借りてできるのも特徴のひとつです。

第１章のまとめ

　キャッシュフローを予測しましょう。この際、予測する数字や確定する数字が正確である、または正確に近いことが大切です。

　複利を使って将来価値を知りましょう。

$$FV = PV(1-r)^n$$

　　FV＝将来価値
　　PV＝現在価値
　　r　＝利回り
　　n　＝回数（期間）

金融商品

・**マネーマネジメントファンド**	換金性という面で自由度が高い
・**マネーマーケットファンド**	金利上昇時には魅力的商品
・**債権**	複利がなく満期前でも売買可能
・**株式**	会社の部分的オーナーになる
・**ミューチュアル・ファンド**	複数の企業の証券を共同保有すること

投資の基本編

不動産投資の基本編

第 **2** 章
不動産投資とは何か。知っていますか？

第2章
不動産投資とは何か。知っていますか？

不動産投資をするときには、どのような考え方が必要なのですか？

　投資というものはお金を何かに替え（購入し）、それを運用し、そしてその運用から生み出された利益を受け取ること、または何かに替えたものを売却して現金としてお金を返してもらい最初の支払額より返金金額が多くなって返ってくることを期待して行う行為を投資というようですね。

　こう考えると、不動産投資とは、お金を不動産に替え（購入し）、その不動産を運用することによって生み出される利益を受けること、またはその不動産を売却してお金に換え、購入時と売却時の価格の差額が増えていることを期待して行う行為を不動産投資というようです。

　このように説明すると、「自宅を購入して何年か住んで売却する。その際、仮に差額が発生し利益を得た場合も不動産投資というのですか？」という質問が生まれますね。これはそれぞれの人の考え方次第で、投資と思う人もいれば、投資と思わない人もいると思います。ただし、基本的には投資です。

　本書を読み進めるうえで自宅購入も不動産投資だとすると……？となり、考え方が混乱してしまいますので、本書での不動産投資とは「投資資金（お金）を賃貸不動産により運用すること」にとりあえず統一しましょう。

　「不動産の金融化」といわれて久しいですが、不動産の金融化が

日本でいわれだしたのは不動産の証券化によってです。この不動産の証券化とは簡単にいうと、多くの投資家から資金を預かり賃貸不動産による資金の運用をすることにより、不動産の流動化を促進して投資家に利益の分配を行うことです。この文章の「多くの投資家」を「あなたの出資した」に変えると「あなたの出資した資金で賃貸不動産を購入し運用することにより利益を得ること」と読めますし、不動産会社は「個人オーナーの賃貸不動産への投資判断を行い、購入した賃貸不動産の運用を行い、オーナーに利益をもたらすこと」とも読め、不動産の金融化は、個人投資家、アパート・マンションオーナー、そして会社規模の大小は関係なく、不動産会社に利益をもたらす分野です。

　不動産投資を行うということは、不動産金融ですから不動産を使って利益（収益）を出すという考え方を基盤に、賃貸不動産を使って利益（収益）を出すためにはどうしたらよいか、またどうしなければならないかを常に基本として考えなければなりません。不動産投資において、利益（以下「収益」といいます）を出せない不動産は購入しても仕方ありませんね。

　では、収益が出せない不動産と収益を出せる不動産の違いを考えていきましょう。

不動産投資の特徴を理解しておきましょう
　不動産投資の対象となる不動産そのものは非常に価値が高いため、不動産投資を行う際は、まず不動産を購入することから始まります。ですから、非常に多くの投資金額がかかる投資ではありますが、他の投資と違い不動産投資は、金融機関から投資資金の一部を融資してもらえるという大きな特徴を持っています。

　また、簡単に考えると投資不動産から得られる賃料収入が投資利益となります。株や債権等は購入するときにお金を支払い、それを売却するときに投資利益と共にお金を受け取ります。株や債権等の

場合、受取金額が国債のようにほぼ決定している商品以外は、売却時の価格がいくらになるのか分からないし、自分でコントロールすることも難しい商品です。しかし不動産投資は、投資期間（所有期間）の間、毎年毎年お金を受け取れます。入居率をアップさせたり、賃料が値上がりすれば収入アップも望めます。このように不動産の運営をコントロールすることができる投資商品でもあります。

　不動産投資の最大の特徴である金融機関からの借入れを利用することにより、手持ち資金が少なくても投資をすることができます。投資不動産からの収入は賃料ですので入居さえあれば収入が確保でき、その収入より金融機関からの借入れを返済できますので、返済に対しての不安も少なくなります。金融機関から借り入れた資金の返済には通常賃料の一部を充てます。そして、残った金額がキャッシュフローとなります。

　仮に不動産投資を行う際に、不動産を購入できる資金を十分に持っていたとしても、金融機関からお金を借りて、まして金利を支払って投資を行った場合でも得をするケースがあるのも不動産の特徴です。それも爆発的効果を発揮する仕掛けも不動産投資ならば可能です（この件は後の章で出てきます）。

　また、お金を借りながら自分の資産を殖やせるというメリットがあります。

　通常、融資してもらった金額は、月額払いか年額払いかの支払いの方法は別として、元利均等払いによる返済が一般的です。この元利均等払いは、毎月、毎年の返済額を一定額とする支払方法です。ですから返済額は、借入額の元本返済部分と金利部分とで構成されています。また、返済スタート時点では返済額のほとんどの割合を金利が占めているため、金融機関ばかり儲かると思ってしまいますが、そもそも他人様のお金を利用して投資を行っていて、他人様のお金で利益を得ているのですから、借りたものを返すのは当たり前ですが、当然にお礼をしなければなりませんので、金利がかかりま

す。金利を支払うことは損をするというような考え方はここでは捨てておきましょう。

　元利均等払いにおける金利と元本返済金額の構成は下の図のようになります。

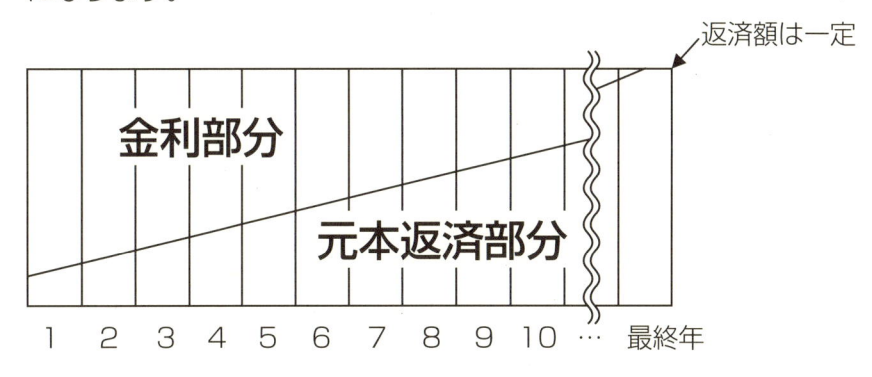

返済額は一定

```
┌────────────────────────────┐
│ 金利部分                    │
│          元本返済部分        │
└────────────────────────────┘
 1 2 3 4 5 6 7 8 9 10 … 最終年
```

　金利がお礼だとすると、元本部分は借りたお金に対する返済ですが、この元本部分は自分の資産の殖えた部分でもあります。毎回毎回、元利均等払いでお金を返済していますので、当然に借入金は減ります。借入金は減りますが、不動産の価値は減りません。ある物の全体量は減らず、そのうちの何かが減っているのであれば、そのうちの何かが増えているということです。

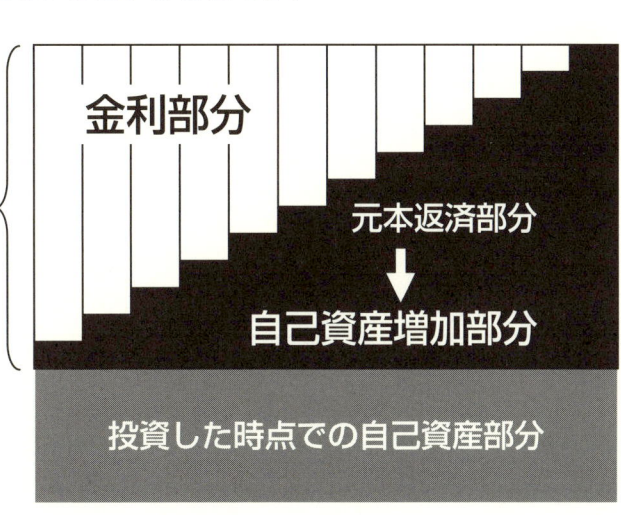

```
┌─────┐    ┌────────────────────────┐
│借入金│    │ 金利部分                │
│     │ 元 │         元本返済部分     │
│     │ 利 │           ↓             │
│     │ 均 │         自己資産増加部分  │
│     │ 等 ├────────────────────────┤
├─────┤ 返 │ 投資した時点での自己資産部分 │
│自己 │ 済 │                         │
│資金 │ 額 │                         │
└─────┘    └────────────────────────┘
```

前出の図のように元利均等返済を行うことは、借入金額を返済しているのですが、自分の資産部分を殖やしていることなのです。まして追加投資をしているのではなく、不動産自身が稼ぎ出した賃料によってです。なんと働き者の投資なのでしょう。

しかし、果報は寝て待てとはいきません。これから不動産投資で成功するための基本を見ていきましょう。以下が理解できれば、あなたの不動産投資の成功確率は大きくでもなく、飛躍的でもなく、爆発的にアップします。

不動産投資の目的をハッキリさせましょう

「お金はあります。このお金を増やしたいのです。どうすればよいでしょうか？」または「どの不動産に投資または購入すればよいと思いますか？」。こういう相談を受けた場合、「プロのコンサルタントは相談依頼者のポートフォリオや人生のイベントを聞きながら計画を立て、不動産購入のアドバイスを行います」とものの本には書いてあります。相談を受けた人がファイナンシャルプランナーの人ならばそれでもよいのかもしれませんが、仮に不動産業者がこの相談を受けた場合の答えとしては適切な対応とはいえません。プロの不動産コンサルタントは、不動産投資一点に的を絞ったコンサルティングを行います。

例えば、

相談者Aさん　「今、資金が1,000万円あります。この新築ワンルームマンションが900万円で売り出されていますが、購入したほうがよいと思いますか？」

相談者Bさん　「このマンション広告ですが、販売価格850万円、月額賃料10万円、現在入居中、14％の高利回り、提携ローンにより自己資金ゼロから購入できます。返済期間10年間で、固定金利3％で毎月の返済額約8万円と書いてあります。自己資金ゼロで

毎月少しですけど収入が出ます。これは購入したほうがよいですか？」

相談者Cさん　Cさんは少し不動産投資の知識がある人です。「このマンションですが、売買価格が1,000万円で利回り10％と書いてあります。自己資金で購入してもよいのですが、1,000万円のうち、500万円は自己資金で残りの資金は金融機関で借りようと思っています。金融機関で聞いたら、この場合の金利は5％とのことです。10％のうち5％だからこわくないですよね。購入したほうがよいでしょうか？」

　こんな相談を受けたときや、自分がこのような状況の場合はどのような回答を用意しますか。完全に相手の質問に答えることはできませんよね。

　　Aさんへの答えは　　「購入したいのならば購入したらよろしいのではないでしょうか。購入したいという思いがあるのですから、よろしいと思いますよ」

　　Bさんへの答えは　　「年間の返済額合計が96万円ですね。これは10年間変わりませんね。満室稼働時の賃料収入は120万円です。この120万円は必ず上がる収益とは限らず、不安定要素を持っています。つまりリスクがありますが、このリスクをどのように考えるかどうか次第で、購入したほうがよいか、やめたほうがよいかはBさん次第ですよ」

　　Cさんへの答えは　　「金融機関から500万円を借りる場合の金利は分かりましたが、返済金はどのくらいですか」
「10年間で、毎月元利均等払いです」

> 「ということは金融機関への、毎月の返済額は約5万3,000円ですね。年間返済額は約64万円ということになります。収入が購入売価の10%ですから100万円です。この100万円から64万円を引くと残りは36万円となり、この36万円を自分の投資した500万円で割ると投資額に対しての利回りは約7.2%となります。ただし、満室稼働の場合です。ですから、全額投資による利回り10%よりも落ちるけれども7.2%で十分だと思うのならば購入してもよいのではないでしょうか」

となってしまいます。なぜならば、Aさんも、Bさんも、Cさんも明確な投資目的を持って、その投資目的が達成できる可能性があるかどうかを相談に来ているのではないからです。3人ともそのマンションを購入してどうしたいのかが明確ではないのです。不動産投資は資金を不動産に投資して、収益を上げることですが、その収益をどのくらいにしたいのか明確にしておかなければならないのです。

　Aさんの場合は900万円でマンションを購入して、自分で住むのか、賃貸マンションにするのか、未入居のまま転売してキャピタルゲインを狙いたいのか明確にはなっていません。

　Bさんの場合は、自己資金ゼロで購入したいという目的は分かりますので、自己資金ゼロに対してのリスク見通しは相談できそうですが、何のために自己資金ゼロで購入するかが明確になっていないため、リスクヘッジに対しても何もアドバイスできません。

　Cさんの場合も同様、利回りを判断基準にして不動産を購入したいのか、実際に手元に入ってくる金額を判断基準にしているのか、Cさんの考えが分からないのでアドバイスやコンサルティングができません。つまり購入するための自己資金はあるといっています。全額自己資金で購入すれば利率は10%であることは分かっています

が、わざわざお金を借りて利回りを下げていますし、当然にローンの返済がありますのでキャッシュフローも下がってしまっています。Cさんもそんなことはすでに承知でしょうから、何をCさんが知りたいのか、相談したいのかが明確になっていないので、アドバイスができないということになってしまいます。

このように見ていると、不動産投資をする際には、「まず手持ち資金を何年でいくらにしたい。または何年間で、何％の運用をしたい」という目標を持つことが必要です。

また、不動産業者は、目標数値もなく来社されるお客様をインタビューしながら、明確になる投資数値（目標利回りや目標キャッシュフロー）を導き出してあげることにより、コンサルティングもよりスムーズにいくはずです。

不動産投資は自己責任投資

不動産投資とは不動産を使い投資を行い、最終的には資産を殖やすことを目的としています。投資不動産を購入し、運営、そして売却。一連の流れはすべて投資家の判断によって行われます。プロパティ・マネジャーやアセット・マネジャーが関与するケースもありますが、彼らの仕事はオーナーの目標（投資目標益や投資収益率）をクリアするために協力することであるため、全権限の委託がない限り彼らが決断するわけにはいきません。彼らに全権限を与えていたとすれば、彼らの取った行動・判断は、すべてオーナーの責任において行われたことになります。

不動産投資は、投資する不動産はもちろん、市場（マーケット）の変化、税法の変化、資金の問題、そしてその不動産を管理運用する人等の関係が絡み合いながら行われるものです。したがって、不動産投資を行おうと考える人や不動産投資に何らかかわる人はこのすべての要因とその関係を知っておかなければなりません（プロパティ・マネジャー以外の人は、完全に把握する必要はありません

が、こういう要因が不動産に常にかかわっていることぐらいは覚えておきましょう）。

　ですから、不動産投資を行い運用するには、常に判断をする場面が登場します。その判断をするのが投資家ですので、不動産投資は自己責任において行われるものなのです。

　プロパティ・マネジャーやアセット・マネジャーが投資を判断するにしても、投資家が自ら判断するにしても、投資判断をするためには、投資判断材料が必要です。判断材料として不動産（土地・建物）の物的状態、法律関係、収入や税金等支出などの経済的状態を把握する必要があります。また投資判断は、投資時点だけを思案し判断するものではなく、投資後にその不動産を運営し、最終的には売却しますので、その不動産に投資した後に起こり得る可能性のあるリスクをも考慮しなければなりません。また、そのリスクを予測するにしても、むやみに予測するのではなく、現状を分析することによって導き出されるリスクが、将来と大きくブレることがないようきちんと予測する必要があります。不動産の持つリスクは、物件リスク、法的リスクそして経済的リスクがあります。

　将来の起こり得る建物の陳腐化や老朽化、法的権利関係や経済景気、金利や税金等の経済的変動を事前に調べておく必要があるわけです。リスクを事前に理解しておくこと、予測しておくことはリスクを購入時の価格に反映することもできますし、将来の出費を抑えることもできます。

　そのため、事前にリスクを把握することは、非常に大切なことなのです。

第2章のまとめ

- 不動産と金融の融合により不動産投資が明確となった。不動産を用いて利益を出すためにはどうしたらよいか、どうしなければならないのか、常に考える必要があります。
- 不動産投資の特徴は、投資資金のための融資を受けられること。
- ローンの返済が、返済金受取者の持ち分を減らしていること。
- 不動産投資の目的が明確でないと、投資自身がブレてしまう。
- 不動産投資は、自己責任、リスクを把握する必要があります。

不動産投資の基本編

第**3**章
不動産投資を失敗しないための判断

第3章
不動産投資を失敗しないための判断

デューデリジェンス

　デューデリジェンスという言葉を耳にしたことがある人も多いと思いますが、このデューデリジェンスというのは投資不動産の調査を行うことをいいます。

　投資不動産を購入した後に、いろいろなトラブルが発生しては困りますので、事前にその不動産を調査する必要がでてきます。物件のリスク・法的なリスク・経済的なリスクを事前に調査するのです。物件のリスク調査とは、建物の築年数や設備状況などにより購入後修繕が必要か等を計ります。法的リスクの調査は、建築違反や権利関係によるリスクを調べ、経済的リスクの調査では投資利回りに対して、また購入価格の適正化を推測します。この調査は、投資期間のリスクを予測するとともに、将来その投資不動産が売却できるのか、またいくらで売却できるのかをも予測する必要があるからです。

　デューデリジェンスというとすぐに証券化を考えてしまいますが、デューデリジェンスは個人で投資不動産を購入する際にも必要な要件です。

物件の調査（エンジニアリングレポート）

　物件の調査は、現在の建物の健康診断書のようなものです。また、物件調査は将来において設備の交換や災害が発生した際に、どのくらいのコストがかかるかを知るための調査であり、現在物件に欠陥

や瑕疵があるかどうかを知ることです。
　ここで勘違いしてはいけないのは、将来の設備投資額や災害時の被害額を算定するものではありません。あくまでも現状調査ですから、すでに設備は何年経っているとか、エレベーターの定期点検会社との契約方法だとか、屋上防水は、施工後何年経ち、現在どのような状態で、雨漏りがあるかないかというものです。ですから、不動産の状況がどのようであるかの現状調査報告です。このエンジニアリングレポートを参考に、投資に対しての影響、つまり収益に影響を及ぼす可能性のあるリスクを判断し、そのリスクに対しての金額判断がしやすいようにすることを目的としています。このエンジニアリングレポートには、通常、以下の4項目が調査報告として書かれています。
①物件の現状の調査報告　②土壌汚染報告　③耐震に関する報告
④建物環境報告

①物件の現状の調査報告

　物件の現状調査報告書には2つの柱があります。ひとつは物件自体の状況調査と、もうひとつは法令関係の調査です。

　物件の現状の調査報告は、あくまでも目で見た範囲での報告書です。目で見た範囲といっても、現場へ行って見てきたことだけではありません。

　調査作業の流れとして、現地へ行く前に建築確認書や施工図面、構造計算書の有無、地盤等の地質調査報告書の有無、消防関係や設備の点検報告書、修繕工事の履歴としての領収書関係等をチェックします。次に建築図面を基に、現地にて建物と図面が一致するか、建築後に増改築がなされているかを目視で確認するとともに、物件の状態をも確認します。防水の状態や雨漏り箇所はないか、エレベーター内の定期点検書の確認、設備の状況を目視にてチェックし、必要があればテナントに直接インタビューします。また、土地の履歴

としての謄本関係の取得も必要な作業になります。

　この現状調査報告書により、今後修繕にかかるであろう修繕費用の査定ができます。あくまでもこの査定工事費は、建物を機能させるための維持保全費のことです。改修工事とは違う点に注意してください。改修工事とは、時代遅れとなったデザインや設備等をバージョンアップさせるための工事、つまりリノベーション（改修）です。修繕工事は、メンテナンス工事や外壁の塗装等のリニューアル工事です。この修繕工事も、急を要する工事、1年以内にすべき工事、長期的計画において行う工事に分けられます。

　急を要する工事の多くは、安全にかかわる工事が多く、投資不動産を取得するとすぐに取りかからなければならない工事です。ですから、投資家は不動産取得金額プラス急を要する工事の費用を計算に入れておかなければなりません。

　1年以内にすべき工事は、設備等の老朽化により安全の維持やテナント使用において支障が発生する可能性の大きい工事で、修繕や部品交換が見込まれる工事です。こちらは主に1年間の賃料収益等により修繕費を捻出しますが、当然にこの費用分のキャッシュフローが下がってしまうわけですが、投資不動産取得前に知っておかなければならない費用ですので、調査が必要なのです。

　長期的計画において行う工事は、単に大きな工事を意味しているものではありません。当然に外壁の修繕等の大きい工事もあり、この費用を毎年プールする意味においても費用の算出をし、計画的に備えるのに必要です。この長期的計画における工事の長期的期間を通常12年くらいに設定するケースが多く、その期間内に発生するであろう修繕工事、設備の入れ替え等すべての工事を長期的計画において行う工事とします。

　このほかに現状の建物を建てる場合の再調達価格を出しておくことが必要です。現状の図面により現状と同じ物（同じといっても設備等の性能は変わってしまいます）を建てる場合のコストを拾って

おくことが必要となります。これは災害（地震や火災等）により建物が滅失してしまうリスクをふつう、損害保険に転嫁していますので、損害保険額の目安にするためにも必要な調査となります。

　建物の現状調査報告書のもうひとつの柱である法令関係の調査というのは、建物が違法建築物であるかないかを調べます。違法建築物には、多くのリスクが隠れているからです。違法建築物には安全性が担保されていない場合があります。また、安全性だけでなく違法なために改修（リノベーション）工事ができない、または工事をするのに予算以外の費用がかかってしまう場合もあります。将来売却をしようとした場合に売却ができない、または値引き交渉の材料にされてしまうという非常に大きなリスクを抱えることにもなります。そもそも違反建築物である場合、物件取得時に金融機関の融資を受けられなくなる可能性は非常に大きくなります。

　建築物にかかわる法令としては、建築基準法、都市計画法、住宅の品質確保の促進等に関する法律、消防法や各都市の条例と指導要綱があります。これらをすべて初めからチェックするのは大変ですが、これらを満たしているかどうかの目安としては確認申請済証の有無、中間検査の有無、完了時の検査済証の有無が目安となります。

②土壌汚染報告

　土壌汚染とは、工場等における営業活動（操業活動）により有害物質（有機溶剤、重金属、油）が土地表面から浸透したか、盛土・埋土などにより土に侵入したか、または排煙に含まれている有害物質が地表面に降下したことなどにより土地に浸透し発生した環境汚染のひとつです。

　対象となる不動産の土地が、現在または以前どのような用途で使われていたか、影響を受ける範囲に有害物質を排出する可能性のある施設工場があるかを調べます。また、当然に対象不動産の土地が汚染指定されているかも調べます。調べる方法は、登記簿による過

去の履歴や古地図、行政機関の発表・公表等を用い、汚染されている可能性の有無を調べます。仮に汚染されていれば土地の浄化に莫大な費用がかかる場合があります。

③耐震に関する報告

　地震の多い日本において、地震による建物への影響は少なくありません。現在の建築基準法による新耐震設計法は1981年（昭和56年）に施行されました。したがって、1981年以降に建築確認済を取得している建物は、現場サイドでよほどの詐欺的施工が行われていない限り地震に対処している建物といえ、地震によるリスクは小さくなります。データ等によると大型地震は約120年の周期でやってくるようです。したがって、対象不動産の耐震基準は何年のものか（築年で判断できます）により、地震に対してのリスクを判断します。

　1981年以降の建築基準法で建てられた建物においては、阪神・淡路の大震災に際して軽微・小破損または中破損（柱・耐震壁にせん断・ひび割れ）の程度だったとの報告がありました。

　しかし、投資物件のすべてが1981年以降の建物とは限りませんので、投資家がそのリスクを判断しなければなりません。

　そのため、耐震に関する報告書には、ＰＭＬ比率が計算されています。このPMLとは地震発生による建物が受ける被害の復旧工事費の見積額を再調達価格で割った比率です。

$$PML（\%）= \frac{見積被害額}{再調達価格} \times 100$$

このＰＭＬの数値が10％以下の場合は、被害が少ない。
　　　　　　　20％以下の場合は、局部的な被害。
　　　　　　　30％以下の場合は、中程度の破壊被害。
　　　　　　　60％以下の場合は、大規模な破壊被害。
　　　　　　　60％以上の場合は、建物倒壊の可能性が高い。

以上のことから、耐震基準にかかわらずにリスクを計り、保険等でリスクヘッジの目安とすることができます。

耐震に関する報告は、あくまでも目視によるもの、つまり壁に穴を開けて専門業者が調べたものではなく、また、そこまでを要求するものではありません。あくまでも投資家の判断材料のための報告書であることを忘れないようにしてください。

④建物環境報告

建物環境報告とは、次の項目の調査です。

・アスベスト（人的被害）
・PCB（人的被害）
・フロンガス（環境汚染）
・鉛を含む塗料

アスベスト・PCB・フロンガスに関しては、建築設計図面と現地での目視確認検査により行います。

アスベストは1975年に原則禁止にはなっていますが、実際には1980年までは含有量５％未満のものは使用していました。ですから、何年に施工された建物かで判断ができます。また、構造により使用箇所が変わってきます。鉄骨構造や鉄骨鉄筋コンクリート構造においては、耐火被覆・断熱材・吸音材として使用されていました。鉄筋コンクリート構造ならば大丈夫と考える人も多いようですが、鉄筋コンクリート構造では断熱材と吸音材として使用されている場合もあります。

このアスベストはいろいろな法律にかかわります。建築基準法をはじめ、建物の取引（売買・賃貸）時には宅建業法、アスベストを処理処分しようとすると廃棄物処理法などに必ず抵触しますので、建物にアスベストが使用されているかどうかを知ることで、リスク対応ができるようになります。

PCBとは、ポリ塩化ビフェニールのことで、毒性がきわめて強

いダイオキシン類のひとつです。PCBは脂肪に溶けやすく、慢性的な摂取により体内に徐々に蓄積され様々な症状を起こす危険な物質です。このPCBは電気のトランス・コンデンサーに使用されているケースが多く、2001年に「ポリ塩化ビフェニール廃棄物の適切な処理の推進に関する特別措置法」が施行されました。これによりPCBの適切な保管と表示が義務付けられ、処理においても不法投棄1億円以下の罰金、不法譲渡1,000万円以下の罰金等、非常に厳しい取扱いがなされています。したがって、PCBの有無により投資不動産のリスクの大きさを認知する必要が出てきます。

　フロンガスは、冷蔵庫・エアコンの冷媒や断熱材、車のエアコンの冷媒や断熱材も同じように使われています。工業製品の洗浄用・プリント基板等の洗浄の洗浄剤としても使われています。断熱材・ウレタンフォームなどの発泡用の発泡剤としても使われています。スプレー缶などの噴射剤などもそうです。こういったものの中でも、古いものには、有害なフロンガスが使われている可能性が高いのです。地球環境、特にオゾン層の破壊、地球温暖化への影響は大きく、2002年（平成14年）には「フロン回収・破壊法」が施行されました。エアコンの台数により撤去入れ替え時に、また建物修繕時にはウレタンフォームが使用されていれば、撤去に特別な費用がかかります。このフロンガス調査も建築図面と現地調査により行い、将来のリスクを計っておく必要があります。

　このようにエンジニアリングレポートは、投資不動産における将来賃料収入（キャッシュフロー）に影響を与える要因を事前に知るために必要なものです。このエンジニアリングレポートは通常、建築士や建築会社（ゼネコン等）が作成します。しかし、すべての物件にあるというわけではなく、またすべての物件が必要としているわけでもありませんが、このような知識を持っているかどうかで投資予測を狂わすようなトラブルやリスクを発生させることを抑えることができます。

例えば6世帯の木造のアパートを購入使用とした場合でも、安全面のための緊急工事や土壌汚染トラブル、建築違反による融資トラブルや地震による資産の目減りを抑えることができます。

法的調査

　法的なリスクを計るために調査を行います。投資不動産の購入時における法的トラブルを回避するため、運営上においてもトラブルを起こす可能性がありそうかどうかを知るためですが、法的調査もあくまでも現状の調査です。①権利関係調査（取引相手が真の所有者か）、②投資不動産に入居中のテナントとの賃貸借契約関係等、③近隣との関係や紛争を調べる必要があります。

①権利関係調査

　投資不動産の権利関係を登記簿にて確認します。表示登記、所有権に関する登記、所有権以外の権利に対する登記です。登記簿を調べることで、保存登記がなされていない場合もありますし、所有権が共有になっている場合もあります。共有の場合は、誰か1人と契約をしても所有権が完全に移らないということがあります。また、所有権に関する登記欄（甲区）に差押えが付いている場合は、取引をしても差押え登記をした債権者が実行した場合、債権者の権利が先行され購入した投資不動産が競売に掛けられてしまいます。所有権以外の権利が登記されている場合の多くは金融機関等からの融資の担保としての登記です。ここには債務額が書かれていますので、取引金額でその債務額の弁済ができるのかどうかの検討を立てるためにも必要な調査です。

　ただし、現在、日本の登記簿謄本に公信力はなく、例えば、登記簿上の所有者であっても真の所有者でない場合もあるので注意は必要です。そのために登記簿謄本を調べるのと同時に納税通知書の領収書等でも確認しておくことが望ましいのです。

また、登記簿謄本等による所有者の確認以外に所有者の行為能力の有無の確認があります。行為能力の制限されている所有者と取引を行ったとしても契約自体が無効や取消しとなってしまうリスクが発生します。法律（民法）は行為能力が制限される者として、未成年者、成年被後見人、被保佐人、被補助人を定めています。これらの人と取引をする場合は、それぞれ法定代理人、成年後見人、補佐人、補助人の確認や同意を得る必要がでてきますので、このような調査をきちんと行うことは必要かつ大切なことです。

　登記簿謄本のほかに、公図にて地形や場所を確認したり、隣地の所有者を確認します。地積測量図と登記面積との地積の相違などを調べることも重要です。

　法務局等による調査の後は、必ず現地調査が必要です。公図や地積測量図と相違がないか、未登記物件がないかを調べます。登記簿上には記載されていなくても現地に行くと建物が増築されているとか構造が違うとかが分かります。また、課税台帳を調べると登記簿と建物の広さが違う場合があります。この場合は課税台帳の大きさが実際の大きさに近いと考えるのが妥当です。占有状況の確認のためにも現地へ行くことが必要となります。空室に誰かが不法占拠している場合なども考えられるからです。

　公図等により隣地のひとつが道に面していない場合は、対象不動産に通行権が発生している場合があります。建物を建て替える場合において、その通行権により土地の有効活用ができない場合も考えられます。

②投資不動産に入居中のテナントとの賃貸借契約関係等

　賃貸借関係や転貸契約の内容の把握、賃貸面積と専有面積の違いの有無を調べておかなければなりません。契約面積の違いがあると思われる場合は、将来、賃料額のトラブルを引き起こす原因になります。

次に管理会社との管理委託契約や委託内容の確認、区分所有の場合は管理規約等の把握が必要になります。
　最後に、都市計画法や建築基準法等により正しい用途に使われているかのチェックが必要です。建築確認は事務所で申請しておきながら、実際には住居になっていたり店舗になっていたり、建ぺい率、容積率をオーバーした部分を改装して賃貸していたり、駐車場を改築し違う用途で賃貸している場合もあります。この場合は完全に違法性の高い建物となってしまい売却が難しくなるケースも考えられます。

③近隣との関係や紛争
　近隣関係のトラブルのひとつとして地境（官民境界・民民境界）の問題があります。境界には筆境と所有権境とがあります。通常、われわれが土地の境界といっているのは所有権境です。つまり自由に使用することができる権利のある境界線です。この境界は、隣地との合意により確定できますので、あくまでも相手が認めない限り所有権境は確定しません。
　また、官地との境界を官民境界といい、多くの場合は公道と私有地の境をいいます。この場合は行政との立会いにて確定をします。それぞれの場合において、すんなり合意に達する場合と、残念ながらそうでない場合とがあり、投資の対象となる不動産にこの地境においてのトラブルがないかを事前に調査しておくことが必要です。トラブルはあるが建物が建ったので、収益率がよいからといって購入しても、売却しようと思ったとき、購入者がみんな同じ考えだとは限りません。地境のトラブルのある不動産は購入すべきでないと考えている人は、購入を検討してくれませんので、売却時のリスクは大きくなります。
　近隣との関係で、現地調査では道に見えるものでも、実際には道でない場合があります。この場合は、建物を建て替えようとして初

めて建築基準法上の道でないと分かっても後の祭りでどうしようもありません。

投資不動産に関し、現に紛争が生じている場合があります。これはテナントとオーナーとの間のトラブルであったり、テナントと近隣とのトラブルであったり、行政機関とのトラブルであったりいろいろなケースがあります。トラブルの発生している物件をわざわざ購入する必要もないと思います。中には、トラブルを解消すると莫大なキャッシュフローを生み出す可能性を期待して、不動産投資を行う人もいないことはないのですが、多くの場合、トラブルのある物件はあまりいいことはありません。ですから購入対象になっている不動産にトラブルがあるのか、またトラブルが過去にあったかを調査する必要があります。

以上のように、①権利関係調査、②投資不動産に入居中のテナントとの賃貸借契約関係等、③近隣との関係や紛争は法的リスクの調査において必要なことで、これは書類での調査及び現地を目で確認することと近隣の人にインタビューすることによりできる調査です。

経済的調査

経済的なリスクを計るために調査を行います。これは投資の目的を達成するためには絶対に必要な調査です。今までの収入履歴などにより賃貸事業として運営が成り立っていたのかを調べます。現在のテナントとの個別契約における契約賃料と現在の実行されている賃料とに差があるかどうか、未収状況があるのかないのか、現在不動産を維持するために、または運営経費としてどれくらいかかっていたのかの経営的調査と、投資しようとしている商圏の調査、近隣の賃貸不動産の市場賃料調査と取引事例調査としてのマーケット調査があります。

この2つの調査も他の調査と同じように、書類等資料や契約書、トラックレコード等による確認と現場調査により書類の突合せ確認

を行います。

経営的調査

　経営的調査をすることで、計画どおりのキャッシュフローを生み出す可能性のある不動産であるかどうかを調べるとともに、売主の信用やテナントの信用も調べます。

　売主の信用とは、売主に社会的地位があるとかないとかではなく、売主が大きな財務的問題を抱えての売却か否かを調べます。売主が財務的に苦しいと、購入後の瑕疵担保責任の負担を投資家がかぶらなければならないというリスクの可能性が出てきます。また、財務的に税金逃れのための売却などによる場合は、取得後売買自体が取り消される場合も出てきます。

　テナントの信用とは、現行のテナントが賃貸借契約書に基づき賃料等の支払いを契約条項どおり行っているか、滞納等があるか、支払い遅延をするテナントがいるかなどを入金履歴等によって確認します。テナントの信用力によっては、将来の収入に影響します。ひいては投資に対しての大きなリスクになる可能性があります。

市場調査

　市場調査には、商圏の設定と調査、商圏内の競合物件の調査があります。競合物件調査項目としては、賃料調査、新築及び滅失建物数、分譲マンションの調査があります。

　この２つの市場調査の前提調査として、物件のある商圏で経済的活動が行える地域なのかを調べることは最低限の調査です。価格がいくら安くても人がいないところには市場がありません。

　市場調査を行う場合、まず設定するのが商圏です。物件から半径何ｍ・何 km とするかを設定します。多くの人口や建物が密集する地域では商圏を広く設定してしまうと、調査自体が大変になるのと、

膨大な情報の整理ができなくなってしまうおそれがあります。商圏を設定するのは難しいかもしれませんが、対象物件が、どの範囲までずれても入居するのに同等と考えられるかという感覚で考える方法がひとつあります。つまり、隣の駅までならいいけれど、もうひとつ隣の駅までは行きたくないとか、また対象物件が駅徒歩10分ならば、駅を中心に10分の徒歩圏が対象商圏ということになります。

商圏を決めたら商圏内の人口と人口構成比を調べます。これは住宅系でも商業系でも大事なデータです。住宅系建物で20代の男性人口が多い地域にある3LDKが20室もある物件を購入しても稼働率のアップは難しいと予測しやすくなるからです。

必ずどの分野においても競合が存在します。賃貸不動産のマーケットにおいても、投資不動産の周辺には必ず競合物件が存在しますので、競合物件を絞り込み、グレード、間取りや特徴、賃料の水準や入居率等を調べておくことが大切です。

競合物件調査の意味のひとつに、現在の賃料が当該物件のマーケットにおいて適正な賃料額であるのかの調査があります。これには2つの理由があります。1つ目は、調査の結果、現行の賃料がマーケットにおいて高額の賃料の場合は、収入をベースに投資収益率で計算した場合、高額で投資不動産を取得してしまう可能性があります。その逆の場合は、投資収益率をアップさせる可能性がある物件と判断がしやすくなります。2つ目の理由は、現在のテナントが退出した場合、次のテナントがこの賃料で入居するのかどうかのリスクを計るためです。現行賃料がマーケットの賃料より高額な場合（高額な理由が明確な場合は除く）、次のテナントの入居に時間がかかるか、または賃料を下げなければ入居しないということが考えられます。逆の場合は、すぐにテナントが入居するでしょうが、賃料を上げられるチャンスを逃してしまうことになります。

また、対象不動産の所在する地域の人口の増減や新築物件の着工数、老朽化物件の滅失数は、投資不動産の競争力に大きな影響を与

える可能性があり、購入価格へ反映される要因を多く含んでいますので、市場調査も大事な調査のひとつです。

　居住用不動産においては、分譲マンションも調べておく必要があります。なぜならば、「賃料と同じ支払額でマンションが購入できます」という営業トークは、みなさんご承知でしょう。これで分かるように、分譲マンションは、考える角度を変えれば賃貸住宅経営者、投資家にとっては競合物件なのです。ですから、分譲マンションを調査する必要があるのです。

　物件的調査・法的調査・経済的調査が必要なことは理解できたと思います。しかし、これらの調査はあくまでも現状を目視や謄本や資料等で調査できる可能範囲で行うことであることを覚えておいてください。

　収益還元的考え方で購入時の価格を出すDCFの考え方で将来のリスクを計ります。IRRはリスクの大きさ、逆にいうとそのリスクを埋めることで得られる利回りNPVは現在とリスクとの差額を表しています。

将来のリスクに対する予測
　デューデリジェンスが投資不動産の現状のリスクを洗い出す調査だとすると、不動産投資は、投資（購入）してから運営が始まりますので、当然に運営時・保有期間のリスク、つまり将来のリスクを予想しておくことも大切です。運営時・保有期間のリスクには、環境や物件の変化、テナントの変化、経済景気の変化が考えられます。
　環境の変化は、人口問題や近隣地域がどのような発展をしていくかを予測することと建物の機能劣化と経済的劣化、災害（地震・火災）に対してのリスクを予測します。
　人口問題はすでにいわれているように少子高齢化が進みます。そ

の中で人口の減少も大きく影響することは予測できますので、住宅として需要がある地域と間取り、商業ビルとして需要がある地区を予測し、その場合の対策を考えておく必要があります。これらは総務省や国土交通省のWebページからデータを集めておくとよいと思います。

　建物の機能劣化とは、エンジニアリングレポートの際の修繕に対する見込みとは違い、物件の設備性能が、将来において魅力のない設備になるおそれと、その設備を最新鋭に変更、または競争力を持つことのできる設備に変更したときの経済的出費を予測しておかなければならないでしょう。設備性能や様式の劣化（例えば、3点式ユニットバスの入居率の低下）は、そのままにしておくと空室率を上げてしまい、年間の収入を下げてしまいます。また、入居促進のために賃料を大きく下げざるを得なくなり、これもまた年間収益を大きく下げ投資利回りを下げてしまいます。この場合、リノベーション費用の再投資により物件を再生し、より効率のよい投資利回りを生み出すことが可能となります。

　このように、将来のリスクを予測しそれに備えることも、不動産投資の運営において必要なことのひとつです。また、天災等の災害に備えるために保険等にリスクヘッジをする場合でも、むやみに掛け金を多くしても意味もなく、また少なすぎても投資に対しての損害が大きくなってしまう場合もありますので、現在の自分の投資額に対しての経済的損害を常にチェックしリスクヘッジをする必要があります。このことは、天災等による損害にとどまらず投資全体に当てはまることです。

　テナントの変化とは、契約上違反が発生したり、契約が解約解除により空室が発生してしまったり、新規テナントの入居促進がうまくいかず空室率がアップしたり、収入が減ってしまうリスクです。デューデリジェンスでも見たように、現在の賃料が近隣に比べ極端に高い、または何か特殊事情により特別な賃料が設定されていれば、

当然に賃料の値下げ交渉をされるケースもあれば、退去させられてしまう場合もあります。このことは予測できますので、事が起きてから慌てるのではなく、どのように対処しようか対策を立てておくことが必要です。当然に収益率を考えての対策となります。

　経済景気の変化は、収支に大きな影響を与えます。建物においても最新設備が整い、テナントとの契約にも問題がなくても経済景気により影響を受けてしまうことがあります。景気の減退による価格変動、金利変動により借入金額の返済額の増額と税制改正による納税額の増額などが予測できます。総税額の増額や金利の上昇は投資家自身ではどうしようもないことです。しかし、対応を考えておく必要はあります。

　環境や物件の変化への対応も、テナントの変化に対する対応も、経済景気の変化による対応もすべて、収支や予算等、お金の流れをきちんと見ていかなければ対応ができません。また、お金の流れを見ているだけでも対応ができません。物的変化や経済変化を予測しながら、予算や収支の予測をしなければ、現実の運営が、かけ離れてしまう場合も出てきます。

　次の章から、本格的に不動産の価格の考え方を学びましょう。投資する際の不動産の価格（投資額）は適正なのかを第4章で、その投資不動産を購入して本当に目的に合った利回りや投資ができるのかを第5章で、学んでいきます。

　不動産投資は、他の投資では不可能な投資のための資金を借り入れることができるという特殊な投資です。ですが、どれにでも貸してくれるわけではありませんし、同じ不動産でもマネージメントプランによって可能な場合とそうでない場合が出てきます。最後に金融リスクの計り方を学びましょう。

第3章のまとめ

デューデリジェンス

- 物件の調査（エンジニアリングレポート）は現在の状態のレポートであり修繕計画書ではない。
- 地震被害の予測値ＰＭＬ（％）
- 法的調査は、権利関係、契約関係、紛争関係の現状の調査
- 経済的調査、経営的調査、市場調査がある。

将来のリスクに対する予測

　デューデリジェンスが投資前の現状調査なら、不動産投資は投資をしてから将来のリスクを調査し予測する必要がある。

不動産投資の基本編

第**4**章
不動産の価値

第4章 不動産の価値

都心部にもある原野とは

いろいろな人がそれぞれの考えでいろいろな不動産投資の方法を紹介していますね。よく資金の問題からか、ワンルームマンションから投資を始めたらよいのではないかという考えをお持ちの方がいます。果たしてワンルームマンションの投資は正解なのでしょうか。

以前、原野商法が横行し、被害に遭われた人が多く出ました。この被害に遭われた人は、何を目的で原野を買ったのでしょうか。多くの人は、「今は原野だが将来は開発され、土地の価格が上がるだろう」という期待を持って購入されたのでしょうか。それとも「こんな価格でこんな大きい土地が買えるなんて」という喜びで買ったのでしょうか。価格の安さで原野を購入された人は、その原野をどのように使おうと思って、または利用しようと思って買ったのでしょうか。

たぶん原野を買われた人の多くは投資目的だったと思われます。すでに本書をお読みいただいているみなさんはお分かりのように、投資目的で購入したら、必ず定期的（毎月1回とか1年に1回とか）に収益が上がるとか、購入時よりも高額で売却することにより収益を得られることがなければ投資とはいえません。原野は定期的な収益もなければ、売却による価格の上昇は期待できないというよりも売却すらできない可能性があります。こうなると投資とはまったくいえません。それなのに投資と思ってしまう人がいます。

このような原野と同じ仲間の不動産（以後「原野」ということに

します）は、なにも山奥や荒野ばかりにあるわけではありません。都市部にも、ちゃんと原野はあります。収益の上がらない不動産や売却したくても買い手のつかない不動産は、都市部にもある原野不動産です。

　ふつう、不動産投資を行おうと不動産を購入した場合、その不動産にテナントや入居者を入れて賃料等を回収します。これが毎年の投資額に対してのリターン、つまり利回り何％と計算でき、収益となります。賃料が思ったより高く設定でき、問題なく回収できれば投資利回りやキャッシュフローも上がり、よい投資となります。逆に年間の賃料収入が予測より低い場合は、よい投資とはいえません。ふつう、予測よりよい賃料回収ができる投資不動産の場合は、売却するときも予測より高く売却できます。それは売却時点で売り出している投資不動産を購入する相手も、多くの場合は不動産投資を行っている、または行おうとしている人だからです。

　不動産投資で期待されるのは定期的に入る収益（賃料）ですから、投資をする人は、第1に定期的に入る投資不動産を購入しようと思います。第2にその収入が投資金額に対する自分の期待する投資利回りをキープしていけるかどうかを見ます。その期待度にかなう投資不動産は当然に売買が成立します。

　例えば、利回りの10％前後を期待できる不動産を1,000万円で購入し、毎月8万円の賃料収入を得ようと賃料を設定したが、実際には毎月10万円の賃料収入を得ることができたとします。そうすると10万円の12カ月分ですから120万円となり、この120万円を投資金額つまり購入価格1,000万円で割ったものが利回りですから、

$$120万円 \div 1,000万円 = 12.0\%$$

となり、最初に期待した利回りを超えた収入を得ることができました。この物件の8％利回りを期待している投資家に売却すると、8％を期待している投資家は120万円が投資額（購入価格）の8％になればよいのですから、

120万円÷8％＝1,500万円

となります。つまり、年間100万円の収益のある不動産を8％利率の投資不動産として購入する場合は、1,500万円までの価格で購入可能ということになります。

　この収益を利回りなどで割り戻して不動産の価格を出す方法を収益還元法といいます。不動産の価格を出す方法は、取得原価を積み上げていく原価法や近隣の取引事例を参考に求める取引事例法などいろいろとありますが、投資不動産においては、この収益還元法を用いて検討することが非常に大事です。ただし、収益還元法だけで不動産の購入を判断するのでは完璧でないことをとりあえず頭の隅に置いておいてくださいね。そのことは後で説明します。

　ワンルームマンションは価格的にも他の不動産に比べ投資しやすい場合が多いので、よく不動産投資初心者の人にワンルームマンションを勧める人がいます。購入価格が安く、設定賃料が高く、計算上の利回りが大きくても、実際に入居が行われて賃料を回収してみなければ、本当に期待した利回りやキャッシュフローが得られるとは限りません。

　実際に入居者があるマンションなのか（賃料を支払って住みたいマンションなのか）、環境や間取り等を検討した後に、賃料収益と購入（投資）金額を比較検討することが大切です。

　ですから、収益を得ることが期待できない不動産は投資対象にしてはいけないということです。収益を得ることのできない不動産は、都心部にあっても原野と同じなのだということを忘れないでください。

　もう少し詳しく不動産の価格というものを見てみましょう。

収益還元法で求める不動産価値・価格

　なぜ不動産は車のように販売価格が決まっていないのでしょう

か。また、販売価格が決まっていないけれど食品のように100ｇ当たりいくらという価格構成になっていないのでしょうか。

　不動産というものは、世界にひとつしかないものです。今みなさんが住んでいる家、マンション・アパートのその部屋も世界にひとつしかありません。まったく同じ間取りでも隣の部屋とでは、眺めも異なれば、日の当たり方も違います。隣からの音も違えばすべて違います。ですから、不動産はそれぞれの立ち位置によっていろいろな価値を見いだすことができる多面的な資産なのです。そのため、この不動産はこの価格だというように唯一の価格を付けることはできません。バブルやバブル崩壊後に、不良債権をつくってしまったのも、不動産そのものの価格を決める判断がバラバラだったからでしょう。不動産価格を決める３つの要素があります。

　①希少性、②需要性、③有用性です。

①希少性とは、文字どおり不動産は唯一性を持っているので、そのものの価値を積算することにより計ります。売り手が損をしないように今までの費用や経費を足していった価格です。これは売り手マーケットの価格になります。

②需要性は、他の類似不動産と比べて価格を決めます。したがって、買い手がこの価格で買うのが得か、損かを過去の事例と比較して価格を決めるため、買い手のマーケットになります。

③有用性は、他の不動産と比較もせず、経験値も考慮に入れず（厳密には参考にしますが）、その不動産を利用することによって得ることのできる恩恵（収入・収益）で価格を決めます。

　あるときは希少性で価格を判断し、あるときは有用性で判断する。これではその不動産の価値を比べることも判断することもできません。物事を比べるときは、ひとつの物差しで比べなければ比較することは困難です。希少性は希少性で、需要性は需要性で比べなければおかしいのです。

　不動産投資においては、売ってナンボ、つまり売却してはじめて、

どのくらいの利益を得たかが判断できます。購入するときは希少性で判断し、売却時は需要性で判断していたのでは利益を得たのがどうなのかが分かりません。不動産投資をする場合は、最初に不動産価格の基準をつくらなければなりません。不動産投資は利益の源泉を不動産にしています。よって、不動産の価値はその不動産が投資家に与えてくれる価値（収益）によりますので、不動産投資の場合の不動産価値の判断基準は有用性を用いて判断すべきです。マーケットの動き（インフレ・デフレ・外為等）はプラスアルファの価格形成要件となります。この考えを基本として不動産をとらえると、不動産を賃貸すること、賃借すること、売却すること、購入することのすべてを不動産投資としてとらえることができます。

　賃貸することは、将来のキャッシュフローを得るため固定資産を投資することです。

　賃借することは、家賃を毎月支払うことで所有権を得る代わりに「利用」という「便益」に毎月投資していることです。

　売却することは、将来のキャッシュフローを先取りすることです。

　購入することは、これから受けるであろう「便益」に対して、その対価を先に投資することです（自己使用でも、誰に対価を支払うかと考えれば同じことです）。

　では、ここで例題を用いて、なぜ不動産価格を有用性で見なければならないかを確認しましょう。

〔例題〕
　10年前に建売住宅として販売された建物Ａと建物Ｂとがあります。あなたならどちらの１軒をいくらで購入しますか。日照・建物の維持具合等どれも同等とします。

```
┌─────────┬─────────┐
│ 建物　A │ 建物　B │
└─────────┴─────────┘
─────────────────────
         道　　　路
```

調べて分かったこと　①建物の固定資産税評価額　　　1,000万円
　　　　　　　　　　②全面路線価格　　　　　　　　10万円／㎡
　　　　　　　　　　③土地の広さ　　　　　　　　　100㎡
　　　　　　　　　　④AもBも賃貸している
　　　　　　　　　　⑤借地権割りはC地区で7割

　この情報を基に不動産の価格を求めると　多くの人はふつうに貸家建付地、路線価格方式により価格を査定します。

> 正面路線価格×（1－借地権割合×借家権割合）×土地の広さ
> 　　＋建物評価額（固定資産税額の7割とされている）

A＝100,000円×（1－0.7×0.3×100％）×100㎡＋10,000,000円×0.7＝14,900,000円

B＝100,000円×（1－0.7×0.3×100％）×100㎡＋(10,000,000円×0.7)＝14,900,000円

となります。AとBは同じ価格です。

　公式に当てはめている数値が同じですから、価格は同じになりますね。では、同じ価格でしたのでAとBを選ぶときは、この場合、「カン」や「雰囲気」で選ぶしかないのでしょうか。先ほど、不動産の評価基準を希少性と需要性で見ていたので、固定資産税や路線価格という価格を基準にしました。これを有用性で見るとどうなるでしょう。有用性で必要な条件はその不動産から生まれる賃料または生まれるであろう賃料ですから、その賃料から年間の必要経費を差し引いた金額を投資期待利回りで割り戻すことによって不動産価

第4章　不動産の価値

格が求められます（収益還元法による算出です）。

先ほどのAとBの賃料を比べてみると、A・B共に月額賃料が10万円でした。

さらに細かく調べてみると、

Aは、不動産管理会社に賃貸管理費として賃料の10％（定率）を支払い、

Bは、不動産管理会社に賃貸管理費として毎月1万円（定額）を支払っていました。

Aの収益還元による価格

$$\frac{月額100,000円 \times 12カ月 - 管理費10\%}{7.5\%} = \frac{100,000 \times 12 - 100,000 \times 12 \times 0.1}{0.075}$$

$$= 14,400,000円$$

Bの収益還元による価格

$$\frac{月額100,000円 \times 12カ月 - 管理費10,000円 \times 12カ月}{7.5\%} = \frac{100,000 \times 12 - 10,000 \times 12}{0.075}$$

$$= 14,400,000円$$

AとBがまた同じ価格になってしまいました。先ほど有用性による価格の形成にプラスアルファ要因（インフレやデフレ等）としてのマーケットの動きがあるといいました。そのプラスアルファ要因を当てはめていくと、下記①のA式・B式と、②のA式・B式のようになり価格に差が出ます。

①マーケットがインフレ率10％傾向にあるとき、賃料が10％上がったとすると、

$$A = \frac{\text{賃料}110{,}000円 \times 12\text{カ月} - 110{,}000円 \times 12\text{カ月} \times 0.1}{0.075} = 15{,}840{,}000円$$

$$B = \frac{\text{賃料}110{,}000円 \times 12\text{カ月} - 10{,}000円 \times 12\text{カ月}}{0.075} = 16{,}000{,}000円$$

②マーケットがデフレ傾向にあるとき、デフレ率が5％とすると、

$$A = \frac{\text{賃料}95{,}000円 \times 12\text{カ月} - 95{,}000円 \times 12\text{カ月} \times 0.1}{0.075} = 13{,}680{,}000円$$

$$B = \frac{\text{賃料}95{,}000円 \times 12\text{カ月} - 10{,}000円 \times 12\text{カ月}}{0.075} = 13{,}600{,}000円$$

　このように有用性で見てみると、Ａを購入したほうがよいか、Ｂを購入したほうがよいかがはっきりと分かります。
　不動産投資においての不動産の価格の判断には、有用性を用いるのが基本です。

> 投資利回りとは、金融においてあらゆるキャッシュフロー（投資リターン）を生む資産全般について認識される投資の結果

不動産の価格＝収益÷利回り
利回り＝収益÷不動産の価格

　以上のように収益をキャピタルゲインとしたときに不動産価格を投資する金額とすると、投資に対しての利回りが分かります。また、投資額に対して希望する（目標とする）利回りがあれば、どれだけの収益がなければ目標を達成することができないかも判断できます。
　「不動産の価値とは、不動産が生み出すキャッシュフローの価値

第4章 不動産の価値

で決まる」

　つまり、希少性・需要性・有用性というように、不動産を評価する人の立場によっていろいろな評価方法がありますが（不動産を金融商品・投資商品と考えた場合、有用性に基づく評価方法にて、不動産価格を求めるのがいちばん理にかなっています）、不動産の持つ経済的側面による金融商品ととらえることにより価値判断は均一化（標準化）され、不動産価値をその不動産から生まれる将来のキャッシュフローを得る権利価格としてとらえることが望ましいのです。

　この考え方を収益還元といいます。つまり、収益を自分の期待する（得たい）利回りで割り戻して（還元して）不動産価格を見つける方法です。

価格の決め方
①原価法＝土地の評価額（公示価格・路線価価格）＋建物残存価格
　この方法には、利回りの概念はありません。
②収益還元法＝キャッシュフロー÷期待投資利回り（キャップレート）

　では、収益還元法で割り戻す利回りとは、何でしょうか。

　投資と考えた場合、①期待する利回り、②インフレ率、③リスクと考えることができます。そして、それぞれの大きさ、期待利回りの大きさ、インフレ率の高さやリスクの大きさを利回りと設定できます。

①期待する利回りは、今まで見てきたとおり、収益額を高利回りで期待すれば当然に不動産価格は低くなります。逆に収益額が少ない利回りでいいとなると不動産価格は大きくなります。

　　収益額　1,000万円÷期待利回り10％＝10,000万円
　　収益額　1,000万円÷期待利回り5％＝20,000万円

②インフレ率は、収益額が物件上昇のインフレ率として見た場合、収益率が物件の上昇額つまりインフレ率としたときに、インフレ率が同じでも上昇額が低いものは投資額も低く、上昇額が高いものは投資額も大きいといえます。

　　上昇額　100万円÷インフレ率10％＝1,000万円
　　上昇率　 50万円÷インフレ率10％＝　500万円

③俗にいうハイリスク・ハイリターンのリスクを考えると、言葉どおりリスクが高ければ、リターンも高いということを意味します。不動産価格が1,000万円で、リスクが10％と１％の場合では、

　　1,000万円×10％＝100万円　がリターンとなります。
　　1,000万円× １％＝ 10万円　がリターンとなります。

このように、10％のハイリスクに対しては100万円のリターンが、１％のローリスクに対しては10万円のリターンとなります。つまり、危険度が高ければ高いほど成功した場合は利益が多いということです。

　以上の３つのパターンをもう一度見てみると利回りにより収益率が変わり、投資価格も変わります。インフレ率もインフレが進めば進むほど価格の上昇変動数が起きることも理解できます。リスクを見てみても分かるとおり、危険が大きければ価値が低くなります。賃料を100万円回収するのにリスクが大きい不動産の価格は、

　　100万円÷リスク10％＝1,000万円
　　100万円÷リスク５％＝2,000万円

というようにリスクの低い不動産のほうが価値は高くなります。

　このように不動産投資を行う場合の価格・価値判断は、この収益還元により求められた価格で判断します。収益還元法で不動産価格や価値を計算する場合、いちばん大切なものは何だか分かりますよね。文字どおり不動産が生み出す収益です。

　くどいようですが、収益がなければ都心部にあっても原野です。では次に、収益が生み出す流れを賃貸不動産の収入の流れから見て

いきます。

キャッシュフローの重要性

　例えば、賃料を安くして入居促進をしたとしても、支払経費が多すぎると収益（以下は「キャッシュフロー」といいます）がマイナスつまり赤字になってしまうケースもあります。

　　　　満室経営　＝　儲かる賃貸経営

ではありません。もちろん、満室経営を行うことは大事なことです。しかし、新築完成時から建物滅失時まで満室ということは100％あり得ません。今日の時点では満室だが昨日までは一部屋空いていたとか、1週間後に1件退去があるとかが賃貸物件においてあり得る普通の流れです。ですが、満室経営ということは現実問題あり得ません。また、どうしても満室にしたいと思っているのならば、入居者は誰でもOK、何人入居してもOK、どんな使用の仕方をしてもOK、それで賃料は市場の10分の1。これなら満室経営も可能かもしれませんが現実的ではありませんし、赤字になることは、火を見るより明らかで、誰にでも判断できます。ですから、まずは満室経営＝儲かる賃貸経営という考え方を頭から消してください。

　では、儲かる賃貸経営はどうすればよいかを見ていきましょう。儲かっているかどうかの判断は大変抽象的ですが、賃貸不動産から収入が少しでも上がっているのかどうかです。収入がなければ儲けなど発生しませんよね。

　賃貸不動産から収益を得る（キャッシュフローを得る）ためには、賃貸不動産からお金が流れてくる過程を理解しなければなりません。基本中の基本なので今更と思うかもしれませんが、もう一度確認をしておきましょう。改めて見直すと納得いくということもあります。われわれプロでもよくあることです。

　賃貸不動産から収益を得るためには、その不動産を第三者に賃貸することによって賃料をもらい収益を創造します。ですから、賃貸

する不動産がキャッシュフローを生むためには、その不動産を第三者に借りてもらわなければなりません。まずは当然借りてもらうための賃料を決定しなければなりません。

　賃料を決定して借り手を募集したところ、すぐに入居者が見つかり契約をしたとします。しかし、その入居者からいただく賃料すべてがすぐにキャッシュフローにはなりません。賃料からキャッシュフローまでの過程の中でいろいろな経費等が引かれるからです。何が引かれるかというと、まずは当然に固定資産税・都市計画税が引かれます。マンションであれば管理費や積立金、アパートでも共有部分の維持費、管理不動産会社に管理をお願いしていれば管理フィーが引かれます。また、火災保険料や借入金があればローンの返済（元金と金利）が引かれ、最後に残るのがキャッシュフローということになります。

　ただ、ここまでの話は賃料を決定して入居者を募集したところ、すぐに入居が決まったケースです。現実は、入居者が決定するまでに多少とも時間がかかり、空き室期間が発生します。また、入居者に事故があり、賃料の回収ができなくなるリスクもあります。賃料の設定から最後に手元にくるまでのお金の流れを簡単に表すと、次の図のようになります。この流れは非常に大切ですので、覚えておかれることをお勧めします。

キャッシュフローチャート

		想定賃料	………①
△		空室損	………②
△		未回収損	………③
		その他の収入	………④
		総収入	………⑤
△		固定資産税等	………⑥
△		共益費	………⑦
△		管理フィー	………⑧
△		その他の運転費	………⑨
		実効総収入（NOI）	………⑩
△		借入金返済額（ADS）	………⑪
		税引き前キャッシュフロー	………⑫

　このように式にするとよく分かりますが、賃貸不動産からキャッシュフローを生むためには、これだけの行程を経なければなりません。

　ただし、想定賃料よりも経費運営費がかかりすぎると、当然に税引き前キャッシュフローがマイナスとなることもあります。マイナスになっては赤字経営ですから、貸さないほうがよかったなんていうケースもありますが、十分に検討して賃料は決めなければなりません。

　賃貸経営において、上記の式は基本中の基本ではありますが、この式が賃貸経営のすべてといっても過言ではないくらい大切な式です。この式を使い損をしないよう、またこの式を使い利益を最大限得られるよう、しっかりと理解してください。

　では、キャッシュフローがマイナスになるのはもってのほかとしても、そのキャッシュフローを最大にするためにはどうしたらいい

か、各項目の解説と、実際にどうすべきかを簡単に説明していきましょう。

ただし断っておきますが、減価償却等の考えを入れていませんので、税務的な損益をも示すものでないことを前提にしておいてください。

キャッシュフローの流れを知る
①想定賃料

まず何といっても賃料を決めなければなりませんが、どのように決めればよいのでしょうか。

オーナーによって①感覚で決める、②オーナーの希望金額で賃料を決める、③所有賃貸不動産の周り（周辺物件）を調査し比較して賃料を決めるなど、決め方に違いがあるかもしれません。ただ、「このうちどれで決めますか」と質問すれば、多くの人は、③の周辺物件と比較して賃料を決めるべきだと言われるはずです。

次に、なぜ①と②がだめなのか理由が言えますかと聞くとはっきり答えられないと思います。①と②がだめな理由を、「感覚や希望金額には賃料決定の根拠がない」と答える人が多くいると思います。その答えは正解です。さらに何の根拠もないのですかと聞くと「感覚だから」と回答されます。この答えは正しくもあり、間違ってもいます。①と②がだめな理由は、その対象賃貸物件の現在の賃貸可能能力（賃料を稼ぎ出す能力）を正しく評価できておらず、競争力があるのか、ないのかの根拠がないからなのです。

では、なぜ③がいいのでしょうかと質問すると、「周りの物件の賃料の平均を調べれば、相場がわかる」「入居している部屋と空室の賃料を比較すれば、入居可能賃料を求めることができる」等の回答があると思います。

ところで、比較する物件と周りの物件とは、築年数は、設備は、駅からの距離は、買い物は便利ですか、立地は、日照の善し悪しは、

構造は……等、みんな同じ条件ですか。

　たぶん同じ条件のものはゼロではないかもしれませんが、多くの比較物件は対象物件とは違うはずです。では、何を基準にどのようにして比較することによって現在のその地域の正しい賃料を導き出すことができるのでしょうか。

　まず、競合するであろう物件を絞り込みます。同じような間取りで、築年数が近くて、駅からの距離も同じくらい、できれば構造が同じ。この３つまたは４つの条件を満たす物件を５物件くらい探します（５物件出なければ４物件でもいいですし、３物件でもいいです。ただし、３物件を下回ってしまうと困りますね）。10物件見つけたとしても３ないしは４つの条件を満たしていなければ意味はないのです。例えば、比較物件が新築で、対象物件が築10年だとします。駅からの距離も、間取りも設備内容も同じならば新築のほうが入居率のよいことは一目瞭然。それと比較しても仕方がないですし、新築に勝つためにと賃料を下げるにしても下げ幅の根拠が比較物件からは得られません。

　このように、いろいろな物件データを多く集めたほうが参考になるような錯覚をしていますが、意味のないことをしても参考にならないことは承知しておいてください。ですが、築年数が同じくらいでも駅からの距離が違うとか、築年数が同じ、駅からの距離も同じで、構造体まで同じでも間取りが違えば、入居者が変わってきてしまうので比較にならないことはご理解いただけると思います。

　物件が見つかったら、それぞれの物件の特徴を探します。居住系物件の場合、エアコンがあるとかないとか、フローリングなのか畳なのか、お風呂とトイレが一緒なのか分かれているのか、お風呂に追い炊きがあるのか単に落とし込みだけなのか等をチェックし、対象物件との比較表をつくることによって対象物件の持つ（賃貸できる）賃料が見えてきます。

例として、

　対象物件の状態は、フローリングの部屋でエアコンはありません。南向きですが、1階でバルコニーはありません。キッチンは一口の電気コンロ付きでお風呂とトイレは別になっています。

　「この物件の市場賃料はいくらでしょうか」という場合、築年数と駅からの距離が極力近く、間取りと構造が同じものを探さなければなりません。その結果、次のような物件が見つかったとします。

　A物件は、フローリングでエアコンがあり、南向き、バルコニーがあり、2階部分、一口の電気コンロ付きでトイレとお風呂は一緒の3点式ユニットバスです。

　B物件は、フローリングでエアコンがあり、西向き、バルコニーなし、2階部分、一口の電気コンロ付きでトイレとお風呂は別です。

　C物件は、畳でエアコンあり、南向き、バルコニーなし、1階部分でキッチンはガスコンロの二口タイプを置くことが可能で、トイレとお風呂は別です。

　それぞれ入居者があり賃料収益があります。

　では次に行う作業として、対象物件に比較物件を近づけます。どういうことかというと、対象物件とA物件の違いは、A物件にはエアコン、バルコニーがある。2階であるという対象物件よりも有利な点と、お風呂とトイレが一緒であるというマイナスな点があります。ですから、これらの点をプラスマイナスするのです。有利な点をマイナス、不利な点をプラスにします。

　「ちょっと待ってください。有利な点はプラスで、不利な点はマイナスでしょ」

　「いえいえ、対象物件の賃料を導き出すのですから、これでいいのです」

　「よく分からない」

　エアコンがあるほうが、ないほうに比べて3ポイント高いとしま

す。バルコニーがあるほうが、ないほうに比べて２ポイント高いとします。１階よりは２階のほうが２ポイント高いとします。３点式ユニットバスよりはトイレとお風呂が別のほうが、４ポイントが高いとしますと、Ａ物件は対象物件に比べて３ポイント上回ります。ですから、Ａ物件から３ポイントマイナスした賃料がＡ物件と比較したときの対象物件の賃料となります。

　ここまでは分かりましたね。

　「ならば、Ｂ物件、Ｃ物件も同じようにプラスマイナスすればいいのですね」
　「いえいえ。先ほどの例は仕組みを理解していただくだけのことです。Ｂ物件と対象物件の比較による賃料、Ｃ物件と対象物件の比較による賃料というように、３つの賃料が出てきてしまい、どれが市場賃料としていいのか判断がしにくくなってしまいます。ですから実際はこうするのです」
　対象物件とＡ物件の比較ポイントをプラスマイナスして得た賃料を平米数で割ります。
　次に、対象物件とＢ物件の比較ポイントをプラスマイナスして得た賃料を平米数で割ります。というように３つの物件の平方メートル単価を出すと、たいがいはそれぞれが近似値になります。たまに１つだけ突拍子もない賃料になる場合がありますが、それは何か特別な要因があるので、そのような単価が出てきた場合は除外します。
　求められたそれぞれの単価の平均単価を対象物件の平米数で掛けると対象物件の賃料が出てきます。この賃料に特別な付加価値があればそれを付け加えた賃料が想定賃料となります。
　この想定賃料ですが、新規（新築）の場合や既存建物で入居者を募集しているがなかなか入居しない場合の賃料の見直しに行うべき作業です。
　既存の物件においては、現在入居し集金している賃料がこの式で

は想定賃料になります。

②**空室損**

　想定賃料が決定したとしても、すぐ翌日から賃料が上がるとはいえませんよね。これから入居者を募集しなければなりません。そのための作業等がありますが、当然に部屋が空いている期間が発生します。

　また、全室入居していたとしても入居者が何かの都合で契約を解除して部屋を出ることも当然に考えられます。この場合でも、翌日に入居が始まることはすごくまれなケースです。多くの場合は、何日かの空室期間が発生します。これが空室損です。

　空室損をどのように計算するのでしょうか。よく空室率○％とか入居率○○％とかいいます。通常、率を求めるためにはある数字をある数字で割ることによって％を求めます。

　このケースの場合は、分子に当たる数は空室であった日数で、分母に当たる数字は経営期間です。この経営期間ですが、通常は1年間、つまり365日という数字です。

　例えば、10部屋ある1棟のアパートがあったとします。

　新築の場合は、完成引渡しを受けて入居が始まるまでに、A号室・B号室・E号室・G号室の4部屋は入居日までに30日かかりました。C号室・F号室・I号室の3部屋は36日かかりました。残りのD号室・H号室・J号室は50日かかったとします。計算式は、

$$\frac{4部屋 \times 30日 + 3部屋 \times 36日 + 3部屋 \times 50日}{10部屋 \times 365日} = \frac{378日}{3650日}$$

空室率は、378日÷3650日＝0.103　となり約10％ということになります。

　想定賃料が1部屋月額5万円とすると、10部屋×5万円×12月＝

600万円となり、空室損は600万円×10％＝60万円となります。

　以上のケースは新築を結果から見た場合ですが、計画中の建物のキャッシュフローを予測しようとした場合はどのようにすればよいのでしょうか。すでに想定賃料を導き出す場合と同じ手法を取ればいいのです。ただ、現実問題どの建物がどのくらい空いていたかという情報を教えてくれる人はいません。ですから、オーナーは管理を委託しようとした会社に、同じような間取りの他のオーナーの建物がどのような空室率を持っていたかを聞けばよいし、管理会社は今まで自社で取扱物件のトラックレコードから予測すれば出ます。予測はするのですが、あくまでもデータを基にした予測であり、担当者の勘や経験での予測はだめです。
　空室損は下の式で導きます。
　　想定賃料(年間)×空室数÷年間稼働部屋数

③未回収損
　未回収損は文字そのままで、賃料の集金しきれていない金額です。つまり、入居はあるにもかかわらず、賃料を支払ってもらえない、賃料を回収しきれていない金額が未回収損です。既存の建物は、当然1年間運営しての結果ですから、リアルな数字で未回収損が出てきます。また、新築物件や計画案件においては、当然管理会社に任せるのであれば、管理会社がきちんと集金してくれるでしょうからゼロであるべきですが、借上げ（サブリース）をしていない限り100％ゼロとはいい切れないリスクがあるはずです。
　また、入居者の故意による未回収ではなく、入居促進による未回収もあります。それは、事務所系の定期借家契約で5年の定期契約のとき借家契約してくれた場合には、契約発生後3カ月分は賃料をもらわない、レントフリーという契約を行う場合です。このような場合もこの未回収項目に計上します。

どのように計画を立てて運用するのかにより、故意的に未回収を発生することもありますが、これは多くの場合、単年度的に発生します。

④その他の収入

不動産の敷地内に自動販売機を設置したことにより上がった収益や、看板広告代等の収入です。土地や建物をうまく活用することで思わぬ収益を生み出すこともあります。意外と無視できない収入源です。

⑤総収入

以上の①想定賃料から②空室損と③未回収損を差し引いて、④その他の収入を加えて出てきた数字が1年間に対象の賃貸不動産が生み出した金額です。

この金額が売上げのすべてであり、この金額が運営管理フィー等の基本数字になります。まずは、この数字（金額）を上げることを考え、実行することが必要です。

この総収入を「EGI」と標記しますので覚えておくと便利です。

次からは、総収入より差し引かれていく項目です。

⑥固定資産税・都市計画税等の税金

不動産を所有している以上、固定資産税、都市計画税が掛かってきます。毎年5月頃になると納付書が郵送されてきますので、その額を納付しなければなりません。支払わなければならない金額ですので、少しでも少なくしたいものですが、固定資産税、都市計画税の納税額を少なくすることは通常はできません。しかし、評価額が間違っているケースもまれにありますので、毎年確認しておくことは必要です。

⑦共益費

共有部分の電気代金、共用部分を清掃するときの水道代金、エレベーターのメンテナンス点検料金、インターネットやケーブルテレビの基本使用料金、警備会社とのセキュリティー契約をしている場合はその契約料金等、入居の有無にかかわらず投資不動産を維持するために必ず支払われるべき費用が共益費です。

⑧管理フィー

投資不動産を運用及び維持管理するためには管理業務が必要です。管理業務を委託する場合の不動産管理会社へ支払う費用が管理フィーです。この管理フィーは、依頼する範囲によっても金額が違いますし、管理会社によっても金額が違うのが現状です。管理を自分で行う場合には、管理フィーは発生しません。管理といえば掃除やメインテナンスの手配業務や賃料の集金業務を誰でも想像しますが、これに関連するクレームの処理や滞納賃料の回収業務等、あまり歓迎すべきでない業務も含まれます。これも費用対効果の観点から自主管理にするのか、管理を委託するのかを検討する必要があります。

⑨その他の運転費

投資不動産を何年保持するかにより考え方にも違いが生じますが、不動産を維持する場合、建物や設備の修理や交換が発生します。また外壁等を含め何年かに一度、建物の維持やリニューアルの意味で修繕や設備の交換等が発生します。それに備え、投資不動産を経営するという視点で見た場合は、これらの一時的に発生する費用、発生時が明確でない費用を計画的に積み立てておくことも考えていたほうがよいようです。この費用は税務的考え方ではなく、経営的考え方で運転費として計上されます。

また、投資不動産を守るための費用、つまり火災保険料がかかり

ます。万が一のための費用ですが、資産を守るためにも必要です。

⑥固定資産税・都市計画税等の税金、⑦共益費、⑧管理フィー、⑨その他の運転費が、⑤総収入より差し引かれることによって、⑩年間総利益が計算されます。したがって、⑤総収入は1円でも多くの収入を期待しますが、逆に手元から出て行ってしまう金額は1円でも少ないほうがよいに決まっています。

⑥固定資産税・都市計画税等の税金においては、管轄官庁より送付される納税通知書等を自ら見直すことにより、税額が高額と感じた場合は減額請求ができますので請求を行うのもひとつの手段です（ただし、認められた場合だけですが）。

⑦共益費は、共有部分電灯等はタイマーなどを付けることによりむだな時間の電灯代金を節約する、エレベーター等の点検検査、セキュリティーシステムの維持等は、数社の見積りを取って、それぞれの作業内容と価格を比較し、コストと内容のパフォーマンスがいちばんよい会社を選ぶことにより管理コストダウンを検討する必要があります。

⑧管理フィーは、自主管理を行う場合は費用の出費はありませんが自らの労働力と時間を費やすことになります。自らの労働力と時間を費やすか、管理フィーを支払うことでその時間を違うことに使うのがよい選択かは、投資家（オーナー）の考え方ですが、管理フィーを支払うことで責任を転嫁することもできます。管理運営会社が管理フィーを投資家（オーナー）より受け取ることにより、投資家（オーナー）に代わり、テナントに対して行わなければならない責任義務を負わなければなりませんから、単に管理フィーが安いという理由だけで管理運営会社を選び管理の質が低下してしまうと、かえってテナントの退去を誘発し、空室をつくってしまう原因になりかねません。管理はテナント保持という点でも必要な業務ですから、管理運営会社選びは非常に大切になります。

⑨投資不動産の外壁の修繕、建物内部の設備の交換等、将来発生するであろう費用等をあらかじめ計画を立てておく必要があります。これらは新築時の見積書や中古不動産を購入している場合は購入時のエンジニアリングレポート等を参考に計算しておくことが必要です。

また、エンジニアリングレポートを参考に毎年火災保険の見直しをしておく必要もあります。万が一、災害に遭ったとき掛けていた補償額の満額が支払われない場合もあります。これは投資不動産の再調達価格以上の金額を保証料としていても、当然に再調達価格のほうが低ければ支払われません。むだに高い掛け金を支払っていては経費のむだ遣いです。

⑩**実効総収入**

以上の⑥から⑨までの年間支出を、⑤総収入より差し引くことで、その年の投資不動産より生まれる真の収入が分かります。これが年間総利益です。よく投資利回り○％という表示をしますが、多くの場合は、①の想定賃料を不動産の価格で割ることによって求められた数字を使っています。

すでにお分かりのように①の想定賃料を不動産価格で割った数字は、実際に不動産が稼働していない数字であるため絵に描いた餅でしかありません。実際は年間を通して運用された不動産が稼ぎ出した数字を不動産の価格・価値で割ってはじめて求められた数字が利回りなのです。プロ野球の打者の打率は実際の安打数とそれまでの打席数によって計算されています。それにより打者は評価されているように、架空や想定数字でいくら計算しても意味がないのです。

また、年間総利益はネット・オペレーション・インカムといい、「NOI」と表記されます。

⑪**借入金返済額**

不動産購入または投資の大きな特徴のひとつとして、購入時に購入価格の全費用（不動産価格、登録免許税、登記費用、仲介手数料等）を用意しなくても不動産が購入できる、つまり金融機関から費用を借りることができるという大きな特徴があります。

　投資不動産を自己資金のみで購入した場合は別として、金融機関から融資を受けて不動産を購入した場合は、借りたお金を返済しなければなりません。1年間に返済する金額の合計が年間返済額です。年間返済額が⑩の年間総利益（NOI）より大きければ投資として成り立ちません。したがって、融資を受ける場合は、この年間返済額をいくら、つまり不動産価格のどのくらいまで融資を受けてもNOIを超えることがないのかは慎重に検討しなければなりません。また、この年間返済金額は、融資金額はもちろんのこと、融資期間（返済期間）、金利、返済方法等により変わってきますので、すべてをトータル的に検討する必要があります。

⑫税引き前キャッシュフロー

　⑩NOIから⑪年間返済額を差し引いて残る金額がキャッシュフロー（税引き前）です。この数字が手元にくる、または残る金額です。不動産投資において、利回り（NOI÷不動産価格）を重視するあまりにキャッシュフローをおろそかに考える人もいますが、投資においては最終的にいくらの利益が上がったかを計算することは非常に重要です。

　自己投資金額に対する利回り計算は、このキャッシュフローで行います。

　自己投資金額が不動産価格全額の場合は、
　　NOI ÷ 不動産価格 ＝ キャッシュフロー ÷ 自己投資額
となりますが、金融機関からの借入れを利用した場合は
　　NOI ÷ 不動産価格 ≦ キャッシュフロー ÷ 自己投資額　…A
　　NOI ÷ 不動産価格 ≧ キャッシュフロー ÷ 自己投資額　…B

となります。Aの場合は、自己資金の有無にかかわらず融資を受けて不動産を購入したほうが得な場合で、Bの場合は、融資を受けることにより、自己資金で不動産を購入するより、かえってマイナスを引き起こす可能性がある場合です。このことをレバレッジ効果といいます。レバレッジ効果については第6章でもう少し詳しく触れましょう。

キャッシュフローを計算することで、良い投資なのかどうかが見えてきます。

以上のように投資不動産は　収益が発生してはじめて、不動産としての価格・価値が発生します。そして、その不動産が生み出す収益には流れと順番があり、この流れと順番を検証することにより投資をしてよい不動産と、そうでない不動産とに判断することができるようになります。また、不動産の購入価格を計算するためにも必要な要素です。

では実際に、不動産投資の決断計算をしてみましょう。

不動産投資の決断計算

問題　1

日本でいちばん地価の高いところといえば東京都中央区銀座です。銀座の中でも銀座4丁目、5丁目はとびきり高い価格を付けています。この銀座4丁目、5丁目の土地坪当たりの単価を1億円と仮定しましょう。この銀座4丁目、5丁目での賃貸テナントの平方メートル単価を7万円とし、銀座4丁目、5丁目のビルですから9階建て（地上9階　地下1階の10フロア）の1990年に建てられた建物と仮定します。デューデリジェンスのレポートもしっかりされている物件です。さて、あなたならいくらまでの投資金額ならこの不動産を購入してもよいと思いますか？　投資金額に対しての利回り

を8％としましょう（キャップレート5％）。ただし単年で考えましょう。

　さあ、計算してみましょう。
　ここでの情報から分かっていないことは何でしょうか？　土地の大きさとビルの延べ床です。しかし、この情報がなければ投資判断のための不動産価格が計算できないということはありません。つまり分かっている情報だけで価格を導くことは可能です。
　投資不動産の価格は、収益還元法により価格を求めますので、年間賃料を投資期待利回りで割り戻せば不動産価格となります。したがって、このケースの場合は、平方メートル単価7万円／月で単純に月7万円を稼ぎ出してくれる床が10フロアあります。ですから、7万円×10フロアですから月に70万円の賃料となり、年間では70万円×12カ月で840万円となります。この840万円は想定賃料ですので実効総収入（NOI）を求めるため、運営費等を差し引きます。約20％と想定しますと、840万円×80％＝772万円となり、これをNOIとして772万円÷0.08で9,650万円が今回購入を検討している投資不動産の土地1平方メートル当たりの購入上限価格となります。土地が100㎡だとすると、9,650万円×100㎡となり96億5,000万円までが8％利回りを期待する投資の場合の、投資可能金額ということになります。

　次に、銀座4丁目のビルが売り出されているとしましょう。土地の広さが200㎡で10階建て（地上8階、地下2階）で容積率600％すべてを利用したテナントビルが建っています。エンジニアリングレポートによれば、築年数は30年経っているが管理状態はよく、建物のメテナンスもきちんとされています。現在テナントは満室で、定期借家契約にて販売希望価格は200億円です。このビルは投資の対象になりますか？

第4章 不動産の価値

　検討するうえで必要な数字は、NOIつまり実効総収入額を知ることが必要になってきますが、問題文の中にはそれらしき情報がありません。そこで、賃料情報を得るためには近隣の賃貸事情を調査する必要が出てきます。調査でいちばん参考になるのは、実際に借りているテナントに賃料を聞くことがよいと思いますが、突然尋ねても教えてくれないでしょう。また、本来なら売主より提示がある対象不動産のトラックレコード（運営記録）を見れば、賃料は分かります。今回はこれらの情報がなく検討しているという前提ですので、近隣賃貸情報を参照したところ、月額賃料は坪当たり25万円という情報を得たことにしましょう。

　次に、賃料の取れているスペースを計算しましょう。土地の大きさが200㎡です。容積率が600％ですから最大で200㎡×600％＝1,200㎡の賃貸面積が生まれます。このうち、3割部分が共用部分やパイプスペース等で賃料が取れなくなりますので1,200㎡×70％が使用可能スペースとすると、840㎡が収入を生み出すスペースということになります。840㎡≒254坪になりますので、254坪×25万円／月額賃料となり、6,350万円が毎月の総収入です。これから毎月経費や運営費等が引かれますし、空室損も計算しておくと、6,350万円×80％で5,080万円が月額NOI、つまり月額実効総収入となります。

　不動産価格や投資価値を求めるには、年間収入÷期待投資利回りやキャップレートで求めますので、5,080万円×12カ月＝60,960万円の年間収入を期待投資利回りやキャップレートで割り戻します。ここで期待投資利回りが不明確ですので、キャップレートを用いて計算してみます。キャップレートとは、その地域で取引されるであろう、または取引されている場合の投資利率の目安です。多くの投資家の期待利回りを予測するのにも便利です。今回のケースの場合、キャップレートを5％としてみましょう。

60,960万円÷5％＝60,960万円÷0.05
　　　　　　　　＝12,192,000,000円

となります。

　今回の売値は、200億円ですから投資利回りを5％と設定している場合は、このビルは投資対象にならないということになります。

　では売主はいくらで利回りを設定し、計算して200億円で売り出していたのでしょうか。

　60,960万円÷200億円≒3％です。売主は3％利回りで売り出していたようです。

　同じ収入でも期待する利回りが違えば、大きく価格も違ってきます。5％の場合は120億円、3％の場合は200億円、利率が小さくなれば投資価格は上がり、利率が大きくなれば投資価格は下がります。1％違うだけで、かなりの金額の差が出るという考えは非常に大切ですので覚えておきましょう。

第4章 不動産の価値

第4章のまとめ

・都心部に存在するお金を生まない不動産は原野
・不動産の価値は、その不動産が生む収益によって決まる
・収益還元法による不動産価値はキャッシュフローで決まる
・キャッシュフローを求めるには

     想定賃料
     △空室損
     △未回収損
     その他の収入
     ―――――――――
     総収入
     △固定資産税等
     △共益費
     △管理フィー
     △その他の運転費
     ―――――――――
     実効総収入（NOI）
     △借入金返済額（ADS）
     ―――――――――
     税引き前キャッシュフロー

コラム

収益還元のマジック

　不良債権処理もあらかた終わると、土地や不動産の価格は高騰を始めます。バブル崩壊後の不動産の評価尺度も「所有」から「利用」に移行しました。「不動産」と「金融」の融合により、「利回りを狙う新しい不動産の活用」という考え方が出来上がりました。この不動産と金融が融合したことで、不動産は「所有」から「利用」の時代になったといわれます。

　そもそも、不動産と金融とはまったく違うものです。この違うものが融合した（合わせた）のですから、誰もが不動産さえ所有していれば簡単に収益を稼ぎ出してくれるという簡単なものではないことは容易に分かるはずです。不動産と金融の融合は「利回りを狙う新しい不動産の活用」という不動産投資という分野をつくり上げました。

　リートやファンドでは、多くの人たちが利益を創造するために血眼になり金融工学を駆使して不動産の利用を行っています。不動産投資は所有が前提のバブル期では、土地の値上がり益を狙うことが投資の中心でした。結果、値上がるという神話が行き詰まってバブルが崩壊しました。

　不良債権を抱え込んでしまった金融機関が、不良債権の精算をするために計算根拠として使用したのが、担保評価による価格査定とはまったく違う収益還元による不動産の価格評価法です。

　根拠がなく上がってしまった不動産価格ですから、その価格を下げなければ処理できず、処理できる価格を示す根拠が必要になってきます。その必要性を十分に満たすことができたのが収益還元法で、その収益還元法がピッタリとはまったのです。

　収益還元法とは、対象不動産が１年間に生み出す収益（賃料等）を利回りで割り戻すことによって不動産の価格を求める方法です。

ですから、収益が一定ならばその不動産の価格は求める利回りによって変わってしまいます。利回りを多く望むのであれば不動産の価格は低くなり、利回りを下げることができれば不動産の価格は上がります。

　年間収入1,000万円÷希望利回り5％＝不動産価格2億円
　年間収入1,000万円÷希望利回り10％＝不動産価格1億円

　金融機関は、利回りを上げることにより不動産の価格を下げるという根拠を使い、不良債権処理を行ったのです。

　金融機関や日本銀行はデフレを理由に、とんでもない金利（0.025％／年）で市場から金銭を集めたのに対して、不良債権処理は国民の税金を使い、とんでもない利回り設定という矛盾の中で堂々と行われていました。

不動産金融理論の基本編

第5章
投資不動産の価値の測定方法

第5章
投資不動産の価値の測定方法

不動産投資に必要な時間的価値を知らなければならない

　金融機関へお金を預けると、通常、預入期間や預入方法によっていくらかの金利が付きます。例えば、10万円を金利5％の複利で5年間預けると、5年後には12万7,628円となり手元に戻ってきます（税金は無視しています）。金融機関にお金を預けるということは、お金を金融機関に投資していることです。投資をしているので、投資に対してのリターンがあるのです。

　ここでは、10万円のお金が5年後に12万7,628円になりました。この5年間でつくられた差額の2万7,628円は本当に利益なのでしょうか。

　10万円で購入できるベッドがあるとしましょう。このベッドを1年後に購入しようとしたとき、果たして10万円で買えるでしょうか。仮に人気のベッドだとすると、お店の人は、少しぐらい高くしても売れるのではないかとか考えはじめ、5,000円の値上げをするかもしれません。こう考えると、今10万円で買えるものが、1年後には10万5,000円になっているということが起こり得ます。視点を変えて考えると、同じベッドですのでベッドという物の価値や本質は変わりません。しかし、価格的には10万円から10万5,000円になりました。ということは、今の10万円と1年後の10万5,000円の持っている価値は同じだと考えることができます。

　この考え方をした場合、経済的な動き、つまりインフレ等の動き

により物の価格は変わります。金融機関に10万円を預けて5年後に12万7,628円にはなりましたが、インフレ率が毎年7％上昇していたら、今10万円で購入できるものが、5年後には14万255円になってしまっています。5年後に購入しようとして金融機関に5％複利でお金を預けておいたのでは、購入できなくなってしまいます。逆にインフレ率が3％であったならば、11万5,927円ということになります。金融機関に5％で預けていたほうが得をする可能性もあります。

　このように時間と共に価値価格が変化するという概念を持つ必要があります。これは投資においてだけでなく普段の生活においても必要な概念ですから、時間と共に価格も変化するという時間軸における等価の概念（下図）を、この際きちんと身に付けましょう。

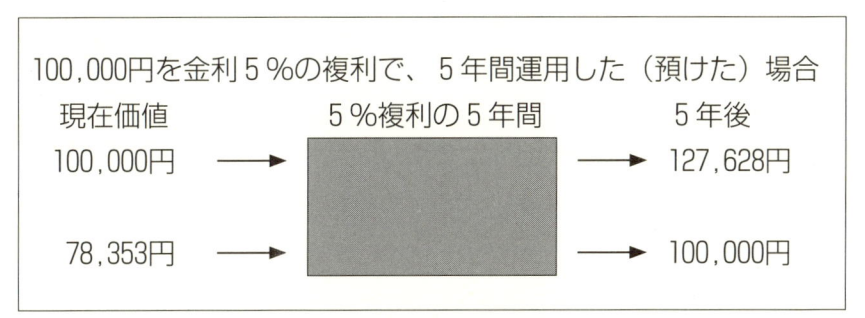

```
100,000円を金利5％の複利で、5年間運用した（預けた）場合
  現在価値        5％複利の5年間          5年後
  100,000円   ─→                 ─→   127,628円

   78,353円   ─→                 ─→   100,000円
```

　今まで不動産の価値を収益還元法でのみ見てきましたが、時間軸における価値の概念を基に投資不動産の価値を考えた場合、単に収益還元法でのみ不動産価値価格を考えることに不安が発生します。現在1億円で購入した不動産が果たして5年後はいくらなのか？ 1億円で購入した不動産が5年後、1億円で売れた場合、プラスマイナスゼロでしょうか？　すでにお分かりのように、インフレ経済においてはインフレ率が大きかろうと小さかろうと、5年後に同一価格ということは、価値が下がったことを意味します。

現在価値に割り引く意味は

　不動産投資のスタートは不動産を購入することから始まります。そして賃料収入によるインカムゲインを得て、最後に不動産を売却し現金にした時点で投資が終了します。購入した価格から売却した価格を差し引き、それに投資期間に得られたキャッシュフローの合計が、通常、投資期間に対しての投資利益となります。ですから、投資期間の全体（購入時から売却まで）の利回りを計算した場合、投資利回りが５％でインフレ率が５％ならば、投資による利益はなかったことになってしまいます。

　逆に言うと、将来の不動産価格と現在の不動産価格を比べても意味がありません。ですから、将来の不動産予想価格を現在の価格に置き換えて検討しなければならないのです。

　つまり、現在の価値と将来の価値は違い、現在の価格は将来の同じ価格より価値があるということです。

　　　　現在の100万円　　　＝５％複利＝　５年後の約130万円
　　　　現在の約78.4万円　＝５％複利＝　５年後の約100万円

　現在ある100万円は、将来の100万円より価値があるということです。逆に言うと、現在の100万円は将来の100万円とは価値が異なると言えます。

　投資不動産は不動産に投資し、投資不動産が賃貸されることにより得られる収益により利益を生みます。ですから、毎年毎年、収益を生まなければなりません。前出したように収益を生まない不動産を、いくら安いからといって購入しても意味がありません。将来、この不動産投資によってどれだけの利益が得られるかの予想に基づき購入して、計画どおり収益が上がるように管理運営し、最後に売却します。不動産投資でいちばん肝心なのは不動産を購入するときともいえます。購入する時点で、将来を予測して購入しなければなりませんから、投資の判断基準として将来の予測を現在価値に置き換えて、現在価値にして検討しなければなりません。つまり将来に

対するリスクを検討する際に、将来のことは分からないので、将来の価格を現在の価値に置き換えて検討する必要があるのです。

　手形割引という言葉をお聞きになったことがあると思います。手形とは、手形発行日から何カ月後かに現金になることを約束した証書です。額面100万円でサイト（現金化されるまでの期間）1年とする手形があったとします。これは「1年後にこの証書を持っている人に100万円を支払いますよ」という約束をした証券です。

　しかし、手形をもらった人が1年もこの手形を持っている余裕がないときは、手形を割り引いてもらいます。金融機関にその手形を入れると、現金になる期間の金利を5％とした場合、金融機関は100万円の5％である5万円の金利を前取りして、95万円の現金で支払手形を買い取ることになります。したがって、現在割り引いてもらって受け取った95万円と1年後の100万円は等価ということになります。

　このように不動産投資も将来受け取る利益や収入を現在価値に割り引くことにより、投資対象不動産への投資の検討を行います。将来のキャッシュフローを割り引き（ディスカウント）検討することを、ディスカウント・キャッシュフロー・アナリシス（DCF法）といいます。投資運用期間の毎年のNOI（実効総収入）と、最後に不動産を売却して得られるであろう売却益を現在価値に割り引いた金額を合計した価格が、その投資不動産の現在価値とする考え方がDCF法です。

　では、もう少し詳しくディスカウント・キャッシュフロー・アナリシスを見ていきましょう。

投資不動産購入に不可欠なディスカウント・キャッシュフロー法

　投資不動産においての不動産価値とは、その不動産が生み出してくれるキャッシュの大きさをいいます。

第5章 投資不動産の価値の測定方法

不動産が生み出したキャッシュフローの合計が不動産の価値

1年目キャッシュフロー／2年目キャッシュフロー／3年目キャッシュフロー／4年目キャッシュフロー／売却年キャッシュフロー　A

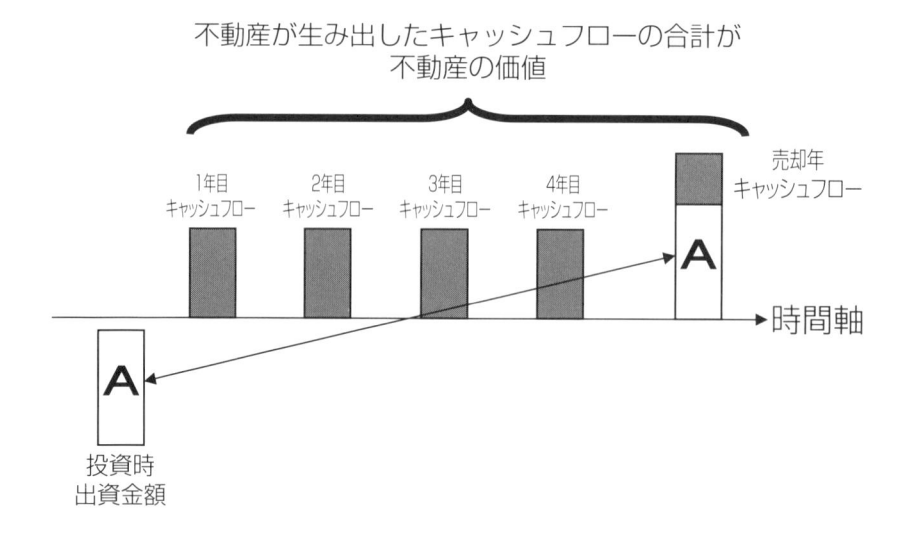

時間軸

投資時出資金額　A

　投資時に投資金額Aは出費なのでマイナスにしていますが、売却時に戻ってきますので形式的には相殺されます。したがって、キャッシュフローの合計が不動産の価値ということになります。

　この考え方に時間軸を入れる、つまりキャッシュフローや売却という将来起きることを現在に引き戻し、現在の価値で判断しなければ、現在においての本当の価値の判断はできません。

　将来得られるであろうキャッシュフローを現在の価値に直した価格が不動産の価格であることを簡単に示すと次頁の図のようになります。

　投資不動産においての不動産価値とは、その不動産が生み出してくれるキャッシュの大きさをいいます。前述したように、現金に変わらない不動産は、たとえ都心部に位置していても原野と変わらないと言いました。したがって、その投資不動産が保有期間の間に生んでくれるキャッシュの量の大小で、不動産の価値が変わってきます。したがって、不動産の価値は、どのくらいの収益をその不動産から得られるかによって価値が決まります。将来その不動産から得られるであろうキャッシュフローの合計が、その不動産の価値です。

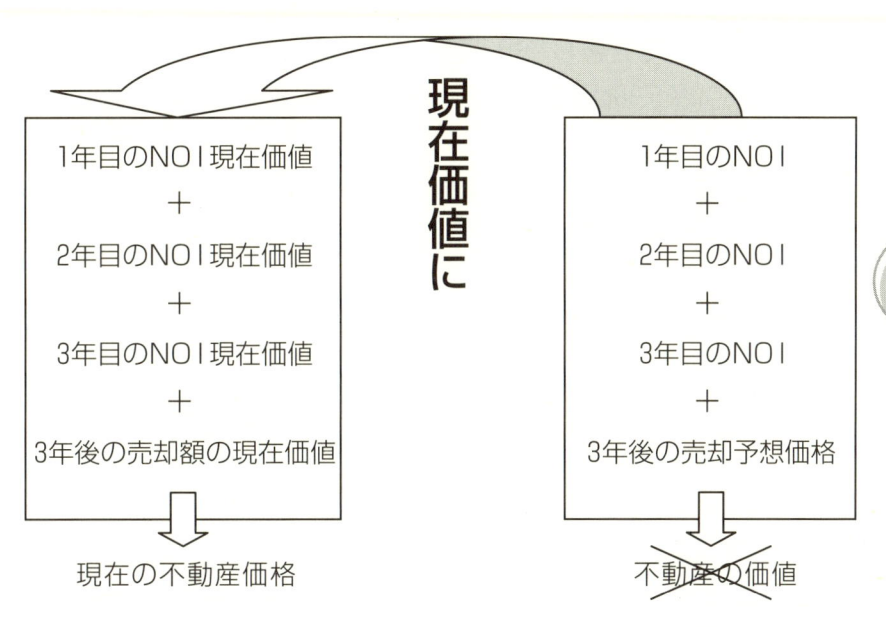

```
┌─────────────────┐         ┌─────────────────┐
│ 1年目のNOI現在価値 │         │   1年目のNOI    │
│       ＋        │         │       ＋        │
│ 2年目のNOI現在価値 │  現在価値に │   2年目のNOI    │
│       ＋        │         │       ＋        │
│ 3年目のNOI現在価値 │         │   3年目のNOI    │
│       ＋        │         │       ＋        │
│3年後の売却額の現在価値│        │ 3年後の売却予想価格│
└────────┬────────┘         └────────┬────────┘
         ↓                           ↓
    現在の不動産価格                 不動産の価値（×）
```

将来得られるであろうキャッシュフローを、ただ単に積み上げるのではなく（前頁の図のように積み上げただけでは1年目と2年目と3年目は時間軸の点からも等価ではありません）、現在価値に置き換える、つまり割り引いて得られた金額の合計がその不動産の現在価値と考えます。これがディスカウント・キャッシュフローなのです。

不動産から得られるキャッシュフローとは、投資期間内の毎年の賃料（正確にはNOI）とその不動産を売却することによって得る売却額をいいます。

理解を深めるために、ここでDCF法の練習をしましょう。

> **問題**
> 　ある投資用のビルがあります。このビルの1年間の賃料の実収益は年間約1,000万円です。5年間このビルを所有する投資を行おうと思います。投資期間の割引率は5％で、売却時の還元収益率は7％とします。この投資用不動産の価格はいくらですか？
> 割引率、還元率の複利現価率は別表を使ってください。

第5章 投資不動産の価値の測定方法

＊この問題で出てきました複利現価率とは現在の価格へ割り戻す利率で、割引率5％は、複利現価率表の5％欄を参照してください。

では、一緒に問題を解いてみましょう。

> 解答
> 　1年目から5年目までのキャッシュフロー予測は毎年1,000万円ですので、
> 　1年目から5年目までのキャッシュフローを現在価値にすると、
> 　1年目は 1,000万円×5％複利現価率で 1,000万円×0.952381
> 　2年目は 1,000万円×5％複利現価率で 1,000万円×0.907029
> 　3年目は 1,000万円×5％複利現価率で 1,000万円×0.863838
> 　4年目は 1,000万円×5％複利現価率で 1,000万円×0.822702
> 　5年目は 1,000万円×5％複利現価率で 1,000万円×0.783526
> ですから、それぞれを計算すると、
> 　1年目は 9,523,810円
> 　2年目は 9,070,290円
> 　3年目は 8,638,380円
> 　4年目は 8,227,020円
> 　5年目は 7,835,260円
> となり、合計で43,294,760円となります。
> 　次に売却価格を求めます。これは、6年目の収入予想価格を収益還元法を使い求めます。年間収入1,000万円を還元率7％で割り戻し求めますので、1,000万円÷7％で142,857,142円となりますが、これはあくまでも5年間の終了時の価格ですから、これを現在価格に割り戻さなければなりません。ここでまた複利現価率表を参照します。7％の欄を使用しないでください。あくまでも現在の価格に割り引く率は5％ですから、5％の欄を使いますので142,857,142円×0.783526＝111,932,285円となり、この投

資不動産の価格は、43,294,760円+111,932,285円で合計金額は155,227,045円となり、この価値がDCF法で求めた現在の価格ということになります。

表を使うと分かりやすくなります。

	1年目	2年目	3年目	4年目	5年目		6年目
年間収益	1,000万円	1,000万円	1,000万円	1,000万円	1,000万円	1,000万円	11,183万円
割引率	5%	5%	5%	5%	5%	7%	5%
複利現価率	0.952381	0.907029	0.863838	0.822702	0.783526		0.783526
現在価格	①	②	③	④	⑤		⑥
計	①+②+③+④+⑤+⑥の合計						

不動産金融理論の基本編

DCF法は、不動産から得られるキャッシュフローを基に不動産の価値を測定し導く価格ですから、不動産投資を行う投資家には必要な技法なのです。

DCF法は、年間の収入を基に割引率により現在価値を求めているため、年間の収入が変わってしまうと現在価値が大きく変わってしまいます。第4章のキャッシュフローの重要性で見てきたように、DCF法をより正確なものにするためには、年間収益をより正確に求める（予測する）ことが必要です。

割引率と還元利回りの重要性

投資不動産から得ることのできる将来のキャッシュフロー（不動産を賃貸することによって得られる賃料の純収益とその不動産を売却することによって回収された金額）の合計を、現在の価値に置き換えて不動産を判断する方法がディスカウント・キャッシュフロー法（DCF法）ですが、このキャッシュフローはあくまでも将来を予測し導き出すものであるため、意図に毎年のキャッシュフロー（インカムゲイン）を大きく設定したり、キャピタルゲインを大きく設

定すると、割り引いて導き出した価格は大きく変わってきてしまいます。

第4章のキャッシュフローの重要性で見たとおり、DCF法でいうキャッシュフローはNOI、つまり実効総収入を使わなければなりません。また、正確にNOIを導かなくてはなりませんので、これも前掲したキャッシュフローチャートを使い、正確にNOIを求めていかなければなりません。DCF法をより正確なものにするためには、NOIや割引率が、より正確に求められなければなりません。正しく理解され求められていなければ、適正で合理的な不動産の価値を求めることはできません。

割引率や収益還元率が変わるだけでも現在価値は大きく変わってきます。収益還元率を1％変える（1％下がれば収益還元価格は高きくなり、1％上がれば、収益還元価格は低くなります）ことにより、価格をコントロールすることができてしまうという危険性があります。ですから、割引率や収益還元率は、誰もが納得する、または利率を求めた根拠がしっかりした率を用いなければなりません。

例えば、投資不動産を所有してから6年目に売却しようと考えたとき、6年目はきっとバブルになっているからキャピタルゲインは非常に高い数字になるなどと予測し、DCF法で導き出した価格で不動産を購入する人の少ないことは、すぐに想像がつきます。しかし、バブル時にはインカムは少なくても、キャピタルゲインが大きければトータル的（キャッシュフローの割引による現在価値の和が不動産価値なので）に利益を得ることが可能でした。このことからも、不動産価値を決定する要因は、不動産の稼ぎ出す収益、つまりキャッシュフロー（インカムゲインとキャピタルゲイン）であり、また不動産価値を正しく判断するためには、不動産市場に合った合理的で客観的な還元利回り売却予想価格を導くとともに、キャッシュフローを正しい割引率で割り引き、求めなければならないのです。

割引率

　割引率は、将来に得られるであろうと予測されるキャッシュフローを現在の価値に割り引く（現在の価値に直す）ための利率です。割引率が正しくないと、求められた現在価値も正しくなく、何を求めているのか分からなくなってしまいます。割引率を正しく求めていないと適正で合理的な不動産価値を求めることができないのです。ですから、DCF法における割引率は非常に大事な数字です。

　割引率は、不動産投資において収益率であり投資利回りであると考えることができます。現在の100万円を5％複利で投資した場合、1年後は105万円、2年後は110.25万円です。2年後の110.25万円は5％複利で運用できるとすると現在の100万円であり、1年後の105万円は現在の100万円と等価なのです。ですから、割引率は投資家にとっての投資利回りと考えられます。また、不動産調達のために金融機関より融資を受けている場合、金融機関にとっては、貸付金利と見ることができます。投資家にとっても金融機関にとっても利回りは複利で動いていますので、割引率を決めることにより、その割引率の複利現価率で割り引くことになるのです。

　複利現価率を理解するために下記の練習をしてみましょう（複利現価率は付録の表を参照ください）。

> **問題**
> 　毎年のキャッシュフローが1,000万円で5年終了時の売却価格が2億円とします。割引率を6％とした場合のそれぞれの現在価値はいくらですか？

> **解答**
> 　付録の複利現価率表の6％の欄を参照し、下記の複利現価率から求めた数字を入れていきます。

不動産金融理論の基本編

第5章 投資不動産の価値の測定方法

キャッシュフロー	割引率	複利現価率	現在価値
1,000万円	6％	0.943396	9,433,960円
1,000万円	6％	0.889996	8,899,960円
1,000万円	6％	0.839619	8,396,190円
1,000万円	6％	0.792094	7,920,940円
1,000万円	6％	0.747258	7,472,580円
20,000万円	6％	0.704961	140,992,200円

次にキャッシュフローに複利現価率を掛ければ、現在価値が求められます。

＊この問題からも分かるように、同じ1,000万円でも複利で運用しますので1年後の現在価値と5年後の現在価値は違うことがハッキリと分かります。

では、割引率はどのように求めればよいのでしょう。割引率は投資家にとっての利回りですから、A投資家のα不動産への不動産投資期待利回りを5％としたら割引率は5％であり、B投資家のα不動産への不動産投資期待利回りを3％としたら割引率は3％なのです。ですから割引率は、この利率でなければならないという数字はないのです。しかし、3％の利回りでよいと考える投資家の不動産の現在価値と5％の利回りを考える投資家の現在価値とは、同じ不動産でも価格が違ってきます。ですから、3％利回りのB投資家が5％利回りのA投資家に不動産を売却しようとしても売れませんが、5％利回りのA投資家は3％利回りのB投資家に不動産を売却することができます。最後になっても売却できない不動産は原野と同じと考えることができますので、自ら収益不動産を原野にすることもありません。

このことから、割引率は合理的根拠に裏付けられていなければならないといえます。自己資金を投資しますので、その投資に対して

のリスクの比率も考慮しなければなりませんし、国債などと違い投資元金の保証もないのですから、国債と比較した場合にリスクの分、利率が大きくなるはずです。また金融機関側から見ると、貸付け（金融機関にとっては投資）は担保を取りながらの投資です。ですから担保を取っているだけリスクの大きさは、投資家が自己資金で不動産投資するよりも小さいはずです。このことからしても当然に投資家の利回りは金融機関の利率よりも大きくなると考えられます。

　金融機関からの借入れを利用して不動産を購入するケースもあります。この場合は金融機関の金利と自己資金に対する期待利回りとの2つの利率が出てきますので、借入金利と期待利回りの加重平均で割引率を決めることもあります。

　不動産価格の80％を金融機関より融資を得て、残りの20％を自己資金で不動産を取得する場合の割引率は以下のように求めます。ここで必要な利率は、金融機関の利率と自己資金に対しての利回り（期待利回り）です。例えば、金融機関の融資の返済条件が融資利率（利子）を3％として、自己資金に対する期待利回りを8％とした場合の割引率は、それぞれを加重平均して求めます。例えば、借入金額部分の80％に対して3％で、自己資金部分の20％に対しては8％ですので、式で表すと、

　　（借入金額÷不動産価格×金利）　＋　（自己資金÷不動産価格×期待利回）
　　　　↓　　　　↓　　　↓　　　　　　　　↓　　　　↓　　　　↓
　＝（　8割　÷　10割　×　3％）＋（　2割　÷　10割　×　8％）
　＝（　80％　　　　　×　3％）＋（　20％　　　　　×　8％）
　＝（　0.8　　　　　×　0.03）＋（　0.2　　　　　×　0.08）
　＝（　0.024　）　　　　　　　＋（0.016）
　＝0.04　＝　4％

となります。これはあくまでも借入金に対しての金利のみを考慮に

入れる場合です。具体的に言えば、5年後に売却するという計画のもと、不動産価格80％の融資を金利3％受け、借入元金の返済は5年後の売却時でよいという条件での投資における還元率の求め方です。

多くの場合のローンの返済方法は元利均等払いによる返済です。その場合は元利均等払いによって自己資金割合が増えていきますので、その分を考慮に入れて計算します。

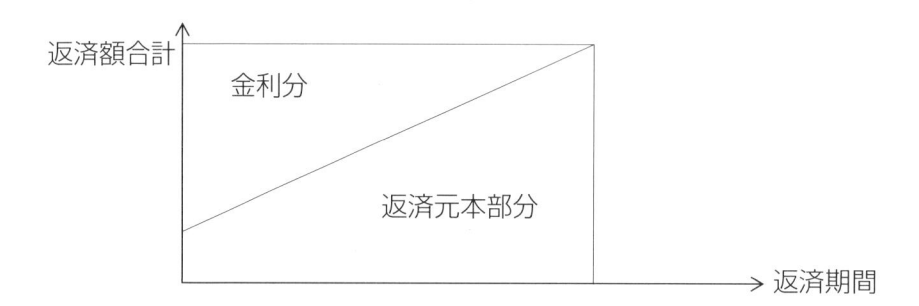

```
返済額合計 ↑
         |  金利分
         |         返済元本部分
         |_____→ 返済期間
```

借入元金を銀行に返すということは、返した元金分が自分の所有になるという感覚です。そして、この自己持ち分の増額部分が毎年8％という投資利回りで運用されていると考える必要が出てきます。

ですから、元利均等払いを利用している場合の割引率は、元金の元利均等償還率と元金返金部分の資産を積み立てていったという意味で償還基金率を用いて計算します。

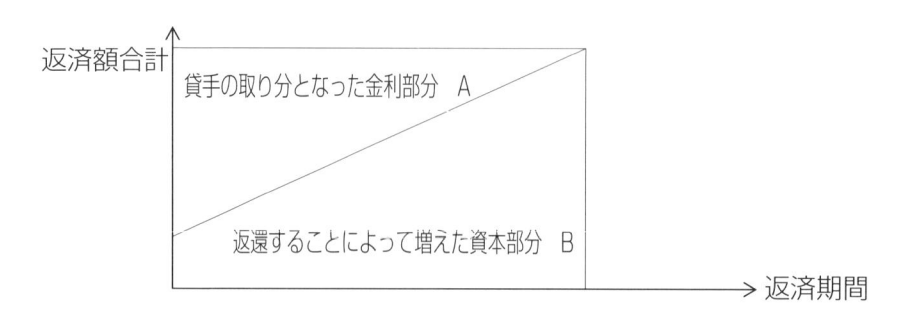

```
返済額合計 ↑
         |  貸手の取り分となった金利部分　A
         |  返還することによって増えた資本部分　B
         |_____→ 返済期間
```

計算式は、

$$
\begin{array}{rl}
 & （借入金額÷不動産価格×元利均等償還率） \quad \cdots\cdots①\\
- & （借入金額÷不動産価格×償還基金率） \quad \cdots\cdots②\\
+ & （自己資金÷不動産価格×期待利回り） \quad \cdots\cdots③\\
\hline
= & \text{割引率}
\end{array}
$$

です。上記の式で説明すると、①の部分は上記図のAとBの部分に対しての割引率を計算しています。本来は金利だけの計算でよいのですが、元利均等払いのため借入元金と金利が同時に計算されてしまいます。②の部分では前頁表のBの部分を計算します。これを①の計算より差し引けばAの部分だけが残ります。この計算により金利部分の割引率が計算されたことになります。そして、③を計算し加重平均した数字が、元利均等払いを利用した場合の割引率の計算となります。

収益還元率

割引率は何年後かの金額を現在の価値に直し、現在の価格と比較するために用いる比率・利率です。収益還元法において収入を期待利回りで割ることにより不動産の価格や価値を計算しました。また不動産が稼ぎ出す収益と不動産価値との比率でもあります。この期待利回りや比率を収益還元率といいます。

収益還元率も根拠のない利率では、その利率から導かれた価格に何の意味も持たなくなってしまいます。そこで求められた根拠がしっかりした収益還元率とは何でしょうか？　誰がその収益還元率を必要としているのでしょうか？　それはマーケットと投資家と融資をする金融機関です。マーケットは不動産の価格を出す根拠として、投資家は投資利回りとして、金融機関は融資に対してのリスクや安全率を計るために必要となります。ですから同じ不動産において異なる収益還元率が導かれますが、それぞれにはそれぞれの根拠が存在します。

マーケット（市場）の収益還元率

収益還元率は、純収益÷不動産価格で求められます。これは不動産価格に対しての利回りでもあり、収益比率でもあります。例えば銀座で投資不動産を購入しようと考えた場合、数ある投資不動産からどの不動産を購入してよいのか、簡単に判断はできないと思います。その場合に、銀座の投資不動産の平均収益還元率が出ていれば、判断はしやすくなります。つまり平均収益還元率を6％とした場合、1億円の収益がある物件ならば、1億円÷6％で投資不動産価格は約16億6,700万円と計算でき、この価格より安く売り出されていればマーケットの中ではお買い得物件となります。また、販売価格が100億円のビルがあった場合は、100億円×6％で年間6億円の純収益がない場合は、このビルの販売価格はマーケットでは高いと判断できます。この際の収益還元率は、そのマーケットの平均的な還元率であるため、キャップレートと呼び、投資家の物差しとなっています。

金融機関の収益還元率

金融機関にとって融資は、お金を貸して利益を得る投資と見ることができます。ですから金融機関にとっての還元率はリスクを計る比率です。つまり不動産価値の何％の純収益があれば融資可能かということです。逆に見れば、「収益が何％の比率になる不動産ならば融資可能」という判断基準でもあります。

ある金融機関が還元率7％という物差しを持っていた場合、1億円の不動産に対して700万円の純収益がなければ融資しないということになります。また、年間純収益が850万円の場合は、850万円÷0.07で12,142万円以上の価値のある不動産でなければ融資しないということになります。

金融機関はこの収益還元率をどう計算しているかというと、次のとおりです。

収益還元率 ＝ （純収益÷年間元利均等返済額）
　　　　　× （ローンの年間元利均等返済額÷ローン額）
　　　　　× （不動産価格に対してのローン額の比率）

例えば、600万円の純収益が見込め、年間の元利均等返済額が約357万円、ローン額が7,000万円で、不動産価格に対してのローン額の比率を70％とした場合は、収益還元率は6％となります。したがって、600万円÷6％で、1億円の不動産価値がなければ融資しないということです。後でこの部分のDCR、ローン定数（K％）、LTVを勉強すれば、この還元率がより鮮明に理解できます（135頁参照）。

投資家の収益還元率

投資家の還元率の求め方は2つあります。ひとつは、単純に投資家の望む収益率（投資利回り）を収益還元率とする場合です。1億円で不動産を1棟購入した場合、投資した金額1億円を不動産によって運用しているわけですから、投資利回りを6％とした場合の1億円から生み出される純収入は年間600万円となり、600万円を収益還元率6％で割り戻すと1億円となります。よって、投資家の収益還元率は投資家の望む利回りとなります。

もうひとつの投資家の望む収益還元率の考え方に、投資家がローンを利用して投資を行った場合の還元率があります。この場合は当然にローンを借りた金融機関の貸出金利と投資家の望む収益率との2つの利率が発生しますので、金融機関の貸出金利と投資家の望む自己資金に対する利回りとを加えた利回りが収益還元率となります。

金融機関からの借入金に対する支払金利が3％で、投資家が自己投資資金に対して望む期待利回りが6％とした場合、

　　金利3％＋期待利回り6％＝9％

となり、単純に収益還元率は9％ということではありません。

不動産金融理論の基本編

第5章 投資不動産の価値の測定方法

下の図を見ると、

```
┌─────────────────────────┐
│  自己投資額が30％の部分    │  ← 6％利回りを期待する部分は全体の30％
├─────────────────────────┤
│                          │
│  借入金が70％の部分        │  ← 金融機関の貸出金利3％は全体の70％
│                          │
└─────────────────────────┘
```

このようなイメージになりますので、

利回り6％×全体の投資部分の30％＋金利3％×全体の借入金額部分70％

ともなりません。借入金の部分が永久的に借入金である場合は別として、返済していますので、全体に対して借入金の占める割合がだんだんと小さくなります。小さくなる期間も借入金の返済期間によって変わります。10年返済と20年返済では10年返済のほうが借入金の占める部分が早く小さくなっていき、10年後には借入金の占める割合はゼロになります。

借入金を元利均等払いで支払っているということは、金融機関に支払っている支払額の中に元金部分が含まれているということで、この元金部分は自分の投資額部分を増やしている、ということです。

```
30% ┤＼        自己投資部分の比率
    │  ＼
    │    ＼
70% ┤      ＼  借入金部分の比率
    │        ＼
    └─────────↓──────────────────↓
     スタート時点では          ローン完済時には
     自己資金が30％           自己資金部分が100％
```

借入金部分は、不動産価格に対する借入金額の割合に返済償還率を掛けることにより求められます。この返済償還率は、年間返済額÷ローン額で計算されます（金利と返済期間が分かっていればローンの返済額等が分からない場合でも年賦償還率表（付録参照）によって求められます）。

　投資家の希望する利回りが6％として、物件価格の80％まで融資が受けられるとします。借入金の返済期間は20年で、金利は固定で5％、年1回払いとします。この場合の収益還元率はいくらでしょうか？

　80％×（返済期間20年・金利5％の年賦償還率）＋30％×投資家の利回り5％

となるので、
　0.8×0.0802＋0.3×0.05＝0.0642＋0.015＝0.0792
となり、この場合の投資家の収益還元利回りは7.92％となります。
　また、借入金の返済期間は20年で、金利は固定で5％、毎月末払いとしますと、この場合の収益還元率は、

　80％×（返済期間20年・金利5％の月賦償還率×12）＋30％×投資家の利回り5％

となるので、
　0.8×(0.0066×12)＋0.3×0.05＝0.06336＋0.015＝0.0783
となり、この場合の投資家の収益還元利回りは7.83％となります。

　以上のように、割引率や還元率の利率が変わるだけで不動産の価格価値は変わってしまいますので、DCF法においては、割引率や還元率は根拠のしっかりした数字を用いないと、大きく損をする可能性も大きくなってしまうことを忘れないでください。

投資期間の利益を測定し、投資結果を知らなければならない

正味現在価値—NPV（Net Present Value）

　ある投資不動産が販売されています。価格は1億円です。今までのトラックレコードから予測すると、キャッシュフローは以下のようになります。割引率5％、還元率を7％としてDCF法により現在価値を見てみましょう。

1年目CF	2年目CF	3年目CF	4年目CF	5年目CF
800万円	850万円	850万円	800万円	800万円

　5年目のキャッシュフロー800万円を還元率7％で割り戻すと、売却価格は、

　800万円÷0.07＝11,428万円

となります。この5年目のキャッシュフローから導いた売却予想価格と、4年目のキャッシュフローの合計金額を4年目末日のキャッシュフローとして5％の割引率で現在価値を求め、その合計を投資価値と考えます。

	キャッシュフロー	割引率	複利現価率	現在価値
1年目	800万円	5％	0.952381	762万円
2年目	800万円	5％	0.907029	726万円
3年目	850万円	5％	0.863838	734万円
4年目	800万円＋11,428万円	5％	0.822702	11,060万円
			合計	13,282万円

　ディスカウント・キャッシュフロー法によって求めた現在価値は、約1億3,282万円でした。この物件の販売価格は1億円ですので利益は、

　DCF法価格13,282万円－販売価格1億円＝3,282万円

となります。

このことは、キャッシュフローの予測が正しく運用された場合、1億円で購入（投資）をすることにより3,282万円の利益が上がったということを意味しています。収益が出るということを意味しているのです。この差額のことを正味現在価値といい、NPV（Net Present Value）と表示します。
　投資をすることによって、どれだけの利益があったのか、その利益を現在価値で表したのが正味現在価値（NPV）なのです。ですから正味現在価値（NPV）がプラスなら、この投資判断は間違っていないことを意味し、マイナスならこの投資を行わないほうがよいか、行ってしまったならば失敗ということになります。
　DCF法で現在価値を求めるときには、投資家の希望する割引率で割り戻しています。つまり投資家の希望する利回りで割り戻して導いた現在価値と、販売価格・投資価格とを比べるのですから、NPVがプラスならば、投資家の要求するリターンを上回っていると考えられ、投資を行うことが可能と判断できます。逆にNPVがマイナスならば、その不動産への投資はやめたほうがよいと判断ができるのです。
　NPVを計算することによって、投資利益を得ることができるのか、投資金額が妥当なのかを簡単に判断ができるのです。

　正味現在価値と割引率の関係にも注意しておきましょう。割引率は単に現在価値に置き換えるための利率だけではありません。投資家の望む収益率でもありますが、割引率が高くなればNPVは小さくなります。割引率が高いということは、単に高利回りを期待しているだけではなく、リスクも高いとの考え方が含まれている場合もあることは忘れないでください。

内部収益率－IRR(Internal Rate of Return)
　NPVがプラスの場合は、投資家が望む利回りよりも大きい利回

りで運用されたと考えることができますから、当然に投資家の希望した利回りよりも高いはずです。また、NPVがマイナスならば、投資家の希望した利回りよりも低いはずです。この場合の利回り（割引率）を内部収益率や内部利益率といい、事業の収益率を示します。

現在、投資しようとしている金額と、将来得ることができるキャッシュフローを現在価値に割り戻した（DCF法価格）場合、投資金額とDCF法価格が同じになるDCF法の割引率を内部収益率（IRR）といいます。

毎年のキャッシュフローと売却額をDCF法で現在価値を求める際の割引率が7％だとして、求められた現在価値と投資しようとした価格が同じ場合、内部収益率は7％ということになります。

ここで、問題を解いてみましょう。

投資金額を1,000万円として、2つの投資商品があったとします。ひとつは不動産で、ひとつは債権だとします。

不動産のキャッシュフローは下記のとおりです。

1年目CF	2年目CF	3年目CF	4年目CF	5年目CF
35万円	35万円	40万円	40万円	1,050万円

債権のリターンは下記のとおりです。

1年目CF	2年目CF	3年目CF	4年目CF	5年目CF
0万円	0万円	0万円	0万円	1,200万円

この2つの投資は、どちらともキャッシュフローの合計は1,200万円です。DCF法により割引率5％で現在価値を見てみると、不動産の現在価値は約955万円で、債権の現在価値は940万円で

した。どちらも投資額よりマイナスでした。不動産と債権だけの比較ですと、不動産投資のほうが債権よりはよさそうだと思われます。この計算は DCF 法での割引率を５％としたから現在価値がマイナスになってしまったのかもしれません。ではそれぞれの商品は、何％の利回りだったのでしょうか？

　計算すると、不動産は約3.97％で、債権は約3.71％です。これは投資額1,000万円に対しての５年後のキャッシュフローの合計から見た利回りです。ですから、この不動産に関しては3.97％のインフレ率や金利経済景気の場合、投資額の1,000万円と５年後の1,200万円は等価と考えることができ、債権の場合は3.71％のインフレ率や金利経済景気の場合、投資額の1,000万円と５年後の1,200万円は等価と考えることができます。この考え方の利率が内部収益率（IRR）です。

　内部収益率はいろいろな投資を比較するときに使えます。内部収益率と割引率を比較して、IRR が割引率より高ければそのプロジェクトや投資を実行してよいとする判断ができます。

**　では、練習問題で NPV と IRR を確認してみましょう。**
　ある投資家が、あなたに投資の相談をしに来ました。投資家は、あなたに投資資金１億円を持っていると言っています。５年間の運用で８％の投資期待利回りを望んでいるとも言っています。調べた結果、５件の投資物件を見つけたが、どの不動産に投資してよいのか迷っているので相談に来たようです。投資物件は下記の不動産です。あなたは、どの不動産に投資をすることを勧めますか？　また、投資を組み合わせることができれば、投資家にとってどの投資を組み合わせるのがいちばんよい投資となるでしょうか？

第5章 投資不動産の価値の測定方法

① 投資額6,000万円で下記のCFがある不動産

1年目CF	2年目CF	3年目CF	4年目CF	5年目CF
480万円	480万円	480万円	480万円	6,850万円

② 投資額9,000万円で下記のCFがある不動産

1年目CF	2年目CF	3年目CF	4年目CF	5年目CF
810万円	800万円	800万円	800万円	10,300万円

③ 投資金額5,000万円で下記のCFがある不動産

1年目CF	2年目CF	3年目CF	4年目CF	5年目CF
450万円	500万円	400万円	400万円	5,550万円

④ 投資金額3,500万円で下記のCFがある不動産

1年目CF	2年目CF	3年目CF	4年目CF	5年目CF
280万円	280万円	300万円	300万円	4,320万円

⑤ 投資金額10,000万円で下記のCFがある不動産

1年目CF	2年目CF	3年目CF	4年目CF	5年目CF
900万円	900万円	900万円	900万円	11,400万円

　これらを比較する場合、正味現在価値(NPV)と内部収益率(IRR)を用います。それぞれのNPVとIRRは、
①の6,000万円の不動産は、NPV＝251.82万円　IRR＝9.03%です。
②の9,000万円の不動産は、NPV＝668.97万円　IRR＝9.83%です。

③の5,000万円の不動産は、NPV＝234.12万円 IRR ＝9.17%です。
④の3,500万円の不動産は、NPV＝398.09万円 IRR ＝10.71%です。
⑤の10,000万円の不動産は、NPV＝739.56万円 IRR ＝9.82%です。

　すべてにおいてNPVはプラスですから、投資としては損をしません。投資金額がそれぞれ違いますので、NPVの大きさを比べても判断がつきません。そこでIRRを比較します。それぞれのIRRがいちばん大きいのは、④の不動産です。では、相談に来た投資家に④を勧めれば相談は終了でしょうか？　投資家の投資金額は1億円あります。その予算内で最高のパフォーマンスが行える組合せをも検討する必要があります。

　予算1億円でできる組合せは、①＋④の9,500万円と、③＋④の8,500万円の2通りです。

　①＋④の投資を行った場合、IRRは①の9.03%＋④の10.71%を平均して9.87%になります。

　③＋④の投資を行った場合、IRRは③の9.17%＋④の10.71%を平均して9.94%になります。

　以上を比べるとIRRのいちばん大きい、③＋④の組合せの投資を勧めるのがよさそうです。ただし、③＋④の組合せだと、投資予算が1,500万円ほど余ります。この投資家が、この1,500万円でIRRの低い投資を行ってしまうと、③＋④の組合せプラスIRRの低い投資で全体のIRRを下げてしまう危険性があることをも告げておく必要はありますね。

内部収益率の計算式は、
　IRR＝(予想収益/投資額)1/年数－1 (1/年数は1/年数乗を表す)
　　　＝C_1/CF_0－1
　数学が得意でない人は、Excel等の計算ソフトで財務関数→IRRで計算するか金融電卓等で計算するのがよいと思います。

第5章のまとめ

・現在の100,000円は、金利5％複利だと、5年後127,628円
・現在の78,353円は、金利5％複利だと、5年後 100,000円
・将来のある時点で得られる対価を、現時点で受け取る場合は、期間金利が差し引かれます。このようなことを割引といいます。
・不動産投資に不可欠なディスカウント・キャッシュフロー法
・投資不動産から将来得られるであろう投資期間中の収益の合計を現在価値に割り引くことにより不動産の価値を計る方法
・ディスカウント・キャッシュフロー法には不可欠の割引率と還元率があります。割引率は投資家の求める利回りであったり、インフレ率であったりします。還元率は市場の動向や、金融機関の貸出利益の考え方に影響されます。
・正味現在価値(NPV)は、不動産投資価値と販売不動産価格との差で、投資判断に使うツール
・内部収益率(IRR)は、投資期間全体における利回りを計るツール

不動産投資実務の基本編

第6章
投資不動産購入判断をするためのツール

第6章
投資不動産購入判断をするためのツール

　不動産のリスクや価値、価格、そしてDCF法により現在価値（PV）、正味現在価値（NPV）、内部収益率（IRR）を学んだことにより、どの投資不動産に投資したらよいかの投資不動産自体を判断することができるようになりました。
　第6章では、実際に効率のよい投資をするための手法と、安全な経営のための指標を学びましょう。

自己資金と借入金
　不動産投資は他の投資に比べ高額な投資ですが、投資した不動産を投資家自身で運営することも可能であるし、何よりも他の投資に比べ不動産という現物に投資するため、投資金額がゼロになってしまう可能性はきわめて低い投資でもあります。これは、不動産はゼロにならない、言い換えれば担保となり得る価値を持っているということです。金融機関等により投資金額を融資してもらえる可能性が大きい投資という特徴もあります。ひとつの不動産を自己資金で調達する場合もあれば、購入資金の一部を自己資金で、残りを金融機関等から借り入れることにより購入する場合もあります。
　なぜ資金を借り入れてまで投資を行うのかというと、ひとつは自己資金では投資不動産の取得が難しい場合です。3,000万円の自己資金があったとします。この場合、3,000万円までの物件は購入できますが（諸経費は考えないとします）、1億円の物件は購入できません。明らかに1億円の物件を購入したほうがキャッシュフロー

が大きい場合は、不足金額を融資してもらって購入します。

　もうひとつは、あえて不動産調達資金の全部または一部を借り入れて投資を行う場合です。資金は十分にあるが借入金を利用して購入したほうが、自己資金で購入したときよりも収益率がはるかに高い場合があるからです。

　全額自己資金で投資した場合の利回りを「投資収益率」といい、ROI（Return on Investment）と表示します。

　ROI ＝　純収益（NOI）÷ 不動産価格

で表され、投資資金に対してどれだけの利益を稼ぎ出したかを表す指数でもあります。

　これに対して、投資金額（自己資金＋借入れによる投資の自己資金部分）に対しての利回りを「自己資金配当収益率」といい、ROE（Return on Equity）と表示します。

　ROE ＝　税引き前のキャッシュフロー ÷ 自己投資額

で表し、自己資金がどれだけの利益をつくったのかを表す指数でもあります。

　投資利回りといっても、いろいろな査定方法により、いろいろな利回りがあります。何を何で割るかにより、利回りの意味するものが変わってきます。この利回りの種類は、投資不動産を買うときはもちろん、運営しているときにも判断基準として使いますので、覚えておきましょう。

レバレッジ効果

　なぜ、わざわざ金利まで払って資金の借入れを行うのでしょうか？　金利を払ってまで行うのは、その不動産が生み出す収入額よりローンの支払額が低いことを利用して、自己資金（自己投資金額）の最高のパフォーマンスを行うためです。

　自己資金が１億円あったとします。この１億円で投資不動産を購入しようと考えています。全額自己資金での購入だと、１億円の投

資不動産が1件購入できるだけです。しかし自己資金1億円を、3,000万円、3,000万円、4,000万円に分け、それぞれに7,000万円、7,000万円、6,000万円の借入れを行うと、1億円の投資不動産が3件購入できます。自己資金1億円で3億円の不動産に投資ができたことになります。

それぞれの投資不動産から得られる年間総利益（NOI）が不動産価格の6％相当額と仮定すると、投資収益率（ROI）と自己資金配当率（ROE）は下記のようになります。

	不動産A	不動産B	不動産C	不動産D
不動産価格	1億円	1億円	1億円	1億円
投資金額 ①	1億円	3,000万円	3,000万円	4,000万円
ローン額		7,000万円	7,000万円	6,000万円
借入金利		3％	2.5％	3％
返済年数		30年	25年	30年
NOI ②	600万円	600万円	600万円	600万円
ローン返済年額		354万円	377万円	304万円
キャッシュフロー ③	600万円	246万円	223万円	296万円
利回り (ROI) ②÷①	6％			
利回り (ROE) ③÷①		8.2％	7.4％	7.4％

上記のように、1億円の自己資金を全額投資した場合の利回りは6％ですが、同じ価格で、同じNOIのある不動産であっても、ローンを組み合わせることにより利回りを上げることができたのです。このことをレバレッジ効果といいます。

レバレッジ効果にも正のレバレッジと負のレバレッジとがあります。正のレバレッジとは借入れを行うことによる不動産投資のほう

が、すべてを自己資金で行う不動産投資よりも収益率が上がることをいい、負のレバレッジは借入れを起こしたことによって収益率を下げてしまうことをいいます。

　　正のレバレッジ　⇒　ROI ＜ ROE
　　負のレバレッジ　⇒　ROI ＞ ROE

　レバレッジ効果は、ローンの組み方によっても変わります。借入額、借入期間、変動金利、固定金利等の選択、また借り手の信用力や対象の投資不動産の持つ物件力により金利や返済期間に大きな影響を与えます。ローンにも様々な種類があり、ローンの組み方によっては大きなレバレッジ効果を期待できるものもあります。

ノンリコースローン（Non-Recourse Loan）

　貸出債権の求償権を担保不動産に限定するローン。つまりローンの対象になる不動産のみが担保となる融資のことで、人的保証などは関係なく、対象不動産の収益力評価のみで実行される融資のことです。

バルーンローン（Ballon Loan）

　元金返済がなく利息分のみの支払いを行うローンです。期限付きローンで、ローン期間終了時には元利金全額を精算します。米国の投資において一般的なローンです。

投資不動産の購入判断をするためのツール

ローン資産価値比率（LTV　Loan to Value）

　レバレッジ効果により、投資効率を上げるにしろ、資金不足により融資を受けるにしろ、融資を受ける場合は、担保を取っているとはいえ、融資を貸し出す側には返済に対してのリスクが発生します。

つまり貸出額が物件価値に占める割合が多ければ多いほど、貸し手にとってリスクは高くなります。この物件価値に対する貸出額（貸し手側から見た場合は債権額）の割合のことをローン資産価値比率（LTV）といいます。

　ローン総額÷物件価値＝ローン資産価値比率

　1億円の不動産に対して7,000万円の融資を受ける場合のLTVは70％となり、1億円の不動産に対して8,000万円の融資を受ける場合のLTVは80％となります。

　LTVの比率が大きければ大きいほど貸し手側のリスクが大きくなりますので、金利が高くなったり、貸し手側が融資を躊躇する可能性も大きくなります。逆に考えると、金利の低いローンはLTVが低く設定されている場合が多いのです。低い金利で多額の金額を貸すことは、貸し手のリスクがさらに大きくなることを意味します。ローン資産比率が低いということは、貸し手のリスクも低いということですから、金利も低くなるということです。

　角度を変えてローン比率（LTV）を見てみましょう。

　頭金なしでローンを組み、「自己資金なしで不動産投資」というすばらしい響きのキャッチフレーズを耳にするケースがあります。世の中には本当にすばらしいケースもありますが（宝くじで3億円を当てるような非常に低い確率です）、そんなおいしい話はほとんどないと思ってください。

　具体的に説明しましょう。金融機関はローンを貸し出す際に、貸出金融機関は対象不動産を独自の査定方法で価値査定をします。借り手の信用度や資産状況、年収等を考慮して、LTVをその査定額の80％や70％と決めます。土地に対しては路線価格を、建物は独自の査定価格を基準にする場合が多いようです。仮に金融機関の査定価格が1億円だとします。それに対してLTVが80％だとしたら8,000万円の融資が受けられます。

　金融機関の査定額に対して実際の取得金額が1億6,000万円だっ

たら、実際のLTVは50％となり自己資金を8,000万円用意しなければなりません。逆に6,000万円だったら、満額の融資を受けられ、さらに2,000万円もの金額が余ります。

　取得時は1億円で、融資を8,000万円受けられるとした場合のLTVは80％ですが、実際にはその不動産価値が8,000万円しかない場合は、自己資金2,000万円の価値はなくなり、LTVは100％となってしまう場合も出てきます。

　100％融資が受けられるということは、金融機関の査定額より実際の不動産価値が低い場合であり、収益還元法やDCF法から考えると、実際の不動産価値を下げている原因は収益が低いということで、その不動産から上がる実効総収入（NOI）が低いということです。実効総収入が低いということは、借入金額の返済が滞ってしまう場合もあるという危険性を持っているわけですから、100％借入れで購入できる不動産は、融資に対する返済が滞ってしまうか、自己資金を削っていかなければならないということになります。最終的には破綻という最悪の事態をも招くリスクを負った不動産投資である可能性が非常に大きいということを忘れないでください。

ローン定数・ローンコンスタント（K％　Loan Constant）

　ローンの年間返済額の借入額に対しての割合をローン定数（K％）といいます。

　　ローン年間返済額（元金＋利子）÷借入額＝ローン定数（K％）

　これはローンの返済額の大きさをも示しています。ローンの返済額の大きさは、借入額よりは、返還期間と金利によって決まります。7,000万円の借入金でも、金利3％、返済期間30年のローンと、金利2.5％、返済期間25年とではローン定数は違います。

　　金利3％　　返済期間30年⇒　年返済額354万円÷7,000万円＝5.06
　　金利3％　　返済期間25年⇒　年返済額398万円÷7,000万円＝5.69
　　金利2.5％　返済期間25年⇒　年返済額377万円÷7,000万円＝5.39

金利2.5％ 返済期間30年⇒　年返済額332万円÷7,000万円＝4.74
　このようにローン定数の大きいほうが返済額も大きくなります。
　ローン定数は、低ければ低いほど返済金額が少ないことを示しているので、貸し手側から見れば返済が滞る可能性が低く安全だといえます。貸し手側のリスクを計る指数のひとつです。
　投資家から見た場合は、ローン定数と投資収益率（ROI）を比べ、投資収益率がローン定数より大きい場合はレバレッジ効果があることを意味します。

　では、本当にレバレッジ効果があるのかを見てみましょう。
　1億円で投資収益率（ROI）が6％の投資不動産があります。この場合の実効総収入（NOI）は当然600万円です（1億円×6％＝600万円）。
　この600万円の実効総収入（NOI）から返済金額を差し引いた残りがキャッシュフローになります。キャッシュフローを自己投資額（自分が支払った金額）で割ったのが自己資本配当収益率（ROE）となります。自己資本配当収益率（ROE）が投資収益率（ROI）より大きければレバレッジ効果があったということでした。ローン定数より投資収益率が大きければレバレッジ効果があるといっていますので、検証する事例として、

　　A　　ローン定数と投資収益率が同じならば、投資収益率と自己資本配当収益率も同じである。
　　B　　ローン定数が投資収益率より大きければ投資収益率が自己資本配当収益率より高くなる。

この2つを見てみましょう。
　まずAの「ローン定数と投資収益率が同じならば、投資収益率と自己資本配当収益率も同じである」を見てみましょう。

```
          ┌─────────────┐
          │  自己資金部分  │ ┐
          │             │ │ 不動産価格に対しての収益率6％
          │─────────────│ ├  600万円
借入金に対する返済額の比率 │  借入金額部分 │ │
    ローン定数6％   │             │ ┘
          └─────────────┘
```

作業としては、
①借入額×ローン定数で年間返済額を求め、
②実効総収入（NOI）より返済額を出しキャッシュフローを求めます。
③不動産価格より借入額を差し引き、自己投資額でキャッシュフローを割り、自己資本配当収益率（ROE）を出します。

　検証として、同じ不動産において、借入額を変えながら見てみますと、下記の表のように自己資本配当収益率が求められます。

借入額	ローン定数	年間返済額	NOI	キャッシュフロー	ROE
1,000万円	6％	60万円	600万円	540万円	6％
3,000万円	6％	180万円	600万円	420万円	6％
5,000万円	6％	300万円	600万円	300万円	6％
7,000万円	6％	420万円	600万円	180万円	6％

　以上のような計算が簡単にできます。
　前提条件が投資収益率6％、ローン定数6％としてみると、自己資本配当収益率はすべて6％となりました。投資収益率＝ローン定数は、借入れを起こしても借入れを起こさなくても、結果は同じですので、レバレッジ効果がないことが分かります。
　次にBの「ローン定数が投資収益率より大きければ投資収益率が自己資本配当収益率より高くなる」を見てみましょう。

第6章 投資不動産購入判断をするためのツール

```
               ┌─────────────┐
               │  自己資金部分  │
               │             │  不動産価格に対しての収益率6％
               │             │         600万円
借入金に対する返済額の比率 │  借入金額部分  │
   ローン定数6.5％    │             │
               └─────────────┘
```

作業としては、先ほどと同じように、
①借入額×ローン定数で年間返済額を求め、
②実効総収入（NOI）より返済額を出しキャッシュフローを求めます。
③不動産価格より借入額を差し引き、自己投資額でキャッシュフローを割り、自己資本配当収益率（ROE）を出します。

この場合も、同じ不動産において、借入額を変えながら見てみますと、下記の表のように自己資本配当収益率（ROE）が求められます。

借入額	ローン定数	年間返済額	NOI	キャッシュフロー	ROE
1,000万円	6.5％	65万円	600万円	535万円	5.94％
3,000万円	6.5％	195万円	600万円	405万円	5.78％
5,000万円	6.5％	325万円	600万円	275万円	5.50％
7,000万円	6.5％	455万円	600万円	145万円	4.83％

上記表からも分かるように、ローン定数が6.5％で投資収益率（ROI）が6％とローン定数が高い場合、すべてにおいて自己資本配当収益率（ROE）は投資収益率（ROI）より低くなりました（ROI＞ROE）。このことはレバレッジ効果がないことを示します。

したがって、レバレッジ効果があるかないかは、投資収益率（ROI）とローン定数（K％）を比べることにより判断でき、投資収益率よりローン定数が低い場合は、レバレッジ効果があるといえるのです。

事例を使って具体的に見てみましょう。

　物件価格を1億円として年間の実効総収入（NOI）を800万円とします。この場合の投資収益率（ROI）は、800万円÷1億円で8％になります。

　次にこの不動産を自己資金3,000万円として、残金7,000万円を金融機関より融資してもらいます。借入条件は金利3％、返済期間30年の元利均等払いとします。この場合の毎月の返済額は295,123円となり、年間で3,541,476円になります。年間返済額÷借入額＝ローン定数K％ですので、計算すると5.06％となります。したがって、ROIは8％で、K％は5.06％で、ローン定数が投資収益率より低いのでレバレッジ効果があったといえます。本当かどうか、検証しましょう。

　年間のNOIは、800万円です。年間返済額は約354万円ですので差し引き税引前キャッシュフローは、446万円となります。したがって自己資金投資回収率は、キャッシュフロー額446万円÷自己投資額3,000万円で、ROEは14.87％になりました。ROI＜ROEとなりますのでレバレッジ効果があったことが証明されました。

債務回収比率（DCR　Debts Coverage Ratio）

　金融機関から融資を受ければ、借りた融資は返済しなければなりません。貸し手側にとっては融資が滞るのを避けるために、融資する不動産を調査し、返済能力がどれくらいあるかを調べます。融資返済金の源泉は、投資不動産の場合、その不動産から生み出される賃料です。ですから賃料額が返済額を上回っていなければなりません。その比率を債務回収比率（DCR）といいます。NOIに対する返済額の割合です。

　NOI÷年間元利返済額合計＝債務回収比率

　金利2.5％、25年間返済、7,000万円を借り入れた場合の年間返済額は、377万円です。NOIが600万円ある投資不動産のDCRは、

600万円÷377万円=1.59
になります。

　これはローンの安全度合いを計り、貸し手側にとっての債務不履行になるリスクを計る指数で、簡単にいうと、借入返済額の何倍の収入があるかを示しています。当然に1以上の数値でなければなりませんし、この指数が高ければ高いほど安全です。

　同じケースで金利が2.5%で、返済期間を15年にして10年短くした場合の年間返済額は約560万円となりますので、ローンの返済額を増やせば債務回収比率（DCR）は1.07となり、値は低くなります。

　逆に、突然入居者が退室した場合、実効総収入（NOI）は低くなりますので、債務回収比率も低くなります。

　以上のように債務回収比率のバランスを考えたローンの組み方も投資家にとって非常に大事な点ですから、単に金融機関のリスクとしてだけのとらえ方ではなく、投資側にとっても大事な指数といえます。

　多くの金融機関は1.25～1.4以上を基準値と設定しているようです。

損益分岐点（BE%　Minimum Break-Even Point）

　会計上においても収支のバランスがあるように、投資不動産を運用していく中で賃料収入もあれば運営費や税金、借入金に対する返済等の支出もあります。収入が少なく、支出が大きければ経営は成り立ちません。そのために、投資不動産の最低限必要な稼働率を知っておくことが必要です。これが損益分岐点です。損益分岐点には2つの分岐点があります。

　ひとつは収入額と債務額が等しくなる分岐点で、最低限必要な稼働率です。これは、税金＋共益費＋管理フィー＋その他の運転費などの運営費に借入金がある場合は、その年間返済額を合計した額を、総潜在収入（投資不動産が稼ぎ出すことのできる可能性のある収入

見込額）で割り、最低限必要な稼働率を求めます。
　（運営費300万円＋年間返済額200万円）÷年間総潜在収入800万円の場合、稼働率は500万円÷800万円で62.5％となります。最低62.5％の稼働率を維持しなければ、この不動産の経営は赤字になってしまいます。
　もうひとつの損益分岐点は、運営費＋年間返済額に投資家が要求している収益（利益）をプラスした損益分岐点です。

例題を使って見てみましょう
　1億円の不動産があります。総潜在収入が1,000万円で、ROIは6％あるだろうと見込まれます。LTVは70％で、K％は5.5％です。投資家はROE8％を希望しています。この不動産の損益分岐点（稼働率）は何％以上を維持しなければならないでしょうか？

まず、
① 投資収益率ROIが6％ということは、実効総収入（NOI）が600万円あると考えられます。
② ここでは空室率等がはっきり分かりませんので、1,000万円より実効総収入（NOI）の600万円を差し引いた額400万円を運営費と考えます。
③ ローンがあるようですのでローン返済額を計算します。不動産価格1億円に対して、ローン資産価値比率（LTV）が70％ですので、ローン額は7,000万円で、ローン定数（K％）が5.5％ですので、年間ローン返済額は385万円です。
④ 投資家は自己資本配当収益率（ROE）を8％希望していますので、投資額3,000万円（物件価格1億円、そのうち7,000万円は借入れ）の8％で、キャッシュフローは240万円必要になります。
⑤ 実効総収入（NOI）からローン返済額を引いた額がキャッシュ

フローですから、600万円－385万円＝215万円となり、投資家の希望する利回りのキャッシュフローが240万円ですから、25万円不足しています。
⑥したがって、運営費400万円にローン返金額385万円と投資家の希望する収益25万円を加えた額を、総潜在収入1,000万円で割ります。
⑦（400万円＋385万円＋25万円）÷1,000万円＝81％となります。

以上から、投資家の損益分岐点（稼働率）81％以上を維持しなければなりません。

　指数の中で金融機関側がリスクを計るための指数を使うことにより、投資家は逆に融資を受けるための必要な収益（NOI）を計ることができます。
　債務回収比率を求めるには、年間純収益を年間借入金返済額で割ることにより求めました。
　DCR ＝ NOI ÷ ADS
　この計算式を展開すると、
　NOI ＝ DCR × ADS
となります。ADS を求めるには、借入金額×ローン定数（K％）で求められますので、
　NOI ＝ DCR ×（ローンの借入額×K％）
　例えば、金融機関のいう DCR が1.3として3,000万円を返済期間30年、金利5％で借り入れる場合、最低いくらの NOI がなければ融資を受けられないのかをテストできます。
　この場合のローン定数は6.4％（付録・償還率参照）です。
　NOI ＝1.3×（3,000万円×0.064）
　NOI ＝249.6万円

年間249万円のNOIのない物件には、金融機関は融資をしないことを意味し、投資家はNOIが249万円にならない物件は融資を受けられないというリスクが介在する物件なので、購入しないという判断をするためのテストに使えるのです。このように、購入するための判断指数は、投資家や金融機関等の融資側によりそれぞれが投資に対して判断をするための指標となりますので、大切な指標です。

　以上のように投資の実務においては、様々な物差しを使ってリスクを計ったり、収益率をアップさせるための計算をします。第5章では投資不動産を購入する場合、安いのか高いのかを判断する方法で、本章では、購入するに当たってのリスクや金融機関からの融資を受ける場合の考え方と、返済リスクについて見てきました。これで正しい投資判断のもと、不動産投資ができるようになったと思います。
　しかし、これで大丈夫だと、過信して実践に移って事故に遭うと大変ですので、次の章では、投資の練習をしてみましょう。

第6章のまとめ

・自己資金での投資と自己資金以外の資金を利用した投資の利回りを比べる。 ROI と ROE
・レバレッジ効果の測定により融資を受けたほうがよいのか、融資を受けないほうがよいのかを測定する。
・不動産購入のための判断ツールは4つ
　①ローン資産価値比率が高ければ借入金利も低くなる可能性があり、低ければ、借入れができない場合もある。
　②ローン定数が低ければ1回当たりの返済支払額が低いことを示し、ROI＞K％であればレバレッジ効果があることを示す。
　③債務回収比率は年間収入に対する年間返済支払額の割合を示し、1以上でなければならない。
　④損益分岐点は、最低限必要な投資不動産の稼働率をも示している。

不動産投資
基礎練習編

第7章
事例研究

第**7**章

事例研究

　仮想投資で練習してみましょう。不動産投資は、実践を繰り返し、失敗の中から学び成功を目指すものではありません。1回の失敗がすべての終焉を迎えてしまうことさえ十分に考えられます。ですから、実践前には練習が必要なのです。

購入判断のトレーニング　　その1
　5年間という期間で、投資利回り8％以上の不動産を探していたとしましょう。そこへ下記のような物件情報が舞い込みました。

　　　中古売マンション1Kタイプ（風呂トイレ　3点式ユニットタイプ）
　　　販売価格　500万円
　　　月額想定賃料　50,000円
　　　管理費・修繕積立金　月額10,000円
　　　年間固定資産税・都市計画税納付額　40,000円
　　　表面利回り　9.6％
　　　現在空室

　このマンションの購入を判断するために求めなければならないものは、
　①8％以上の利回りを出すことができるのか？
　②500万円という価格が高いのか安いのか？

この2つの答えを導き出すツールは、ディスカウント・キャッシュフロー法です。
　収入を8％の割引率で割り引くことにより、利回り8％を望んだときの現在価値が分かります。この現在価値より投資金額を差し引くと、正味現在価値（NPV）が分かります。この正味現在価値がプラスなら8％以上の利回りが出ていることになりますし、プラスということは投資資金価値より現在の売出価格は安いということです。
　では、ディスカウント・キャッシュフロー法で必要なキャッシュフローを導きます。
　今回のケースでは、本当に月額50,000円の賃料が取れるのか、から検証しなければなりません。
　このマンションは1Kタイプで3点式ユニットバスになっています。3点式ユニットバスは人気がないので、近隣物件と同じくらいの賃料が取れるとは考えにくいです。では賃料を下げるとしても、人気のないマイナスポイントを持っている物件に果たして入居が行われるかという疑問も出てきます。そこで購入後に室内を改装して想定賃料50,000円で貸し出すと仮定します。
　室内の改装見積りをしたところ、ユニットバス交換30万円、新規トイレ設営9万円、キッチン交換10万円、そのほか内装費・工事費30万円の合計79万円がかかることが分かりました。これらを含め投資額をもとにディスカウント・キャッシュフロー法により投資判断を行いますので、不動産を取得するときの不動産会社への仲介手数料を入れると、不動産価格500万円と修繕と仲介手数料で100万円かかり、今回の投資額は600万円となりました。
　次に600万円を投資した不動産のキャッシュフローを見ていきます。
　1Kタイプの部屋なので単身者の入居と仮定すると、単身者のほうは約3年間のサイクルで引っ越しが行われる傾向が強いことが考

不動産投資基礎練習編

えられます。また、テナント募集においても3カ月程度の空室期間が発生すると考えられます。
　1年目のキャッシュフローは、
　　賃料×9カ月分－年間管理積立額－固定資産税・都市計画税
　2年目のキュッシュフローは、
　　賃料×12カ月分－年間管理積立額－固定資産税・都市計画税
となります。これを表にすると、下記のようになります。

	賃料収入	年間管理・積立金	固定資産税都市計画法	NOI
1年目	450,000円	120,000円	40,000円	290,000円
2年目	600,000円	120,000円	40,000円	440,000円
3年目	600,000円	120,000円	40,000円	440,000円
4年目	450,000円	120,000円	40,000円	290,000円
5年目	600,000円	120,000円	40,000円	440,000円
6年目	600,000円	120,000円	40,000円	440,000円

　6年目の年間総利益（NOI）は売却時の価格を用いるために使います。6年目の年間総利益（NOI）を還元率で割り戻せば、売却価格となります。今回の場合は居住系の還元率6.5%を使ってみます。
　440,000円÷6.5％＝440,000÷0.065＝6,769,230≒6,770,000円
　この金額を5年目の年間総利益に加えた価格が、5年目の年間総利益です。
　そして、毎年の年間総利益（NOI）を複利現価率（巻末付録）を使って現在価値に割り引きます。複利現価率は利率8％の欄を用います。複利現価率を用いた計算は下記のとおりです。

　　1年目　　290,000円×0.925926　＝　　268,518円

2年目	440,000円×0.857339	=	377,229円
3年目	440,000円×0.793832	=	349,286円
4年目	290,000円×0.735030	=	213,158円
5年目	7,210,000円×0.680583	=	4,900,197円

　これらの合計がディスカウント・キャッシュフロー法による現在価値ですので、合計金額は6,108,388円となり初期投資費用6,000,000万円を差し引くと、108,388円のプラスになります。この108,388円が正味現在価値（NPV）でプラスとなったことから、投資家の希望する投資収益率は満たしていることが確認できました。そしてプラスですから、この中古マンションの価格は安いといえます。しかし、この結論は、ある条件のもとでの結論です。その条件はリノベーションを約79万円かけたという条件のもとで行われましたので、リノベーションしなければこれだけのキャッシュフローが出たかどうかは難しいところです。したがって、リノベーションをするという条件のみであるならば、このマンションの投資の検討は行えるという判断ができます。
　次に、同じマンションに同じタイプの部屋が同額で3室売り出されていた、というケースを見てみましょう。

購入判断のトレーニング　　その2

　600万円の投資額を200万円ずつに分け、不足額を金融機関から融資を受けて購入できないか。また、その場合の収益は1室を購入したときと比べてどうなるのかを検討しようと思います。
　これを判断するには、
①金融機関からの融資を利用することによって、レバレッジ効果があるのかないのかを検討する必要があります。
②また、3つの部屋を運用することのリスクを検討する必要があります。

第7章　事例研究

　まず①の答えを導くツールは、ROI＞K％、つまり投資収益率がローン定数より大きいことが条件になります。投資収益率は、そもそも投資家の期待利回りを8％としていますので、ROI＝8％と設定できます。単年度で見た場合は、当然に空室率の関係から8％を切ることがありますが、インカムゲインとキャピタルゲインの両面から投資期間で投資を見た場合、ディスカウント・キャッシュフロー法で正味現在価値（NPV）がプラスとなったことで8％は満たしていましたので、ROIは8％以上で回っているといえます。ローン定数は毎年の支払額をローン金額で割ることにより求められますので、まずローンを知る必要があります。例えばこのケースの場合、1部屋当たり400万円の借入れを起こしますので、3つの部屋で1,200万円のローンを組みます。これを金利5％で20年返済の毎月末日返済としましょう（5年の投資期間が決まっていますので、5年後は残金を一括返済しなければなりませんが、計算しやすいように中途解約のペナルティはないものとします）。ローンの年間返済額は、巻末付録の元利均等償還率（月額）の一覧表の5％欄を見ます。20年目の償還率が0.006600となっていますので、1,200万円×0.006600＝79,200円／月と計算でき、年間の支払額は、79,200円×12カ月ですので950,400円となります。この年間返済額を借入金額の1,200万円で割ると、ローン定数は0.0792となります。投資収益率（ROI）8％に対して、ローン定数（K％）7.92％ですので、ROI＞K％となりますので、レバレッジ効果はあると判断ができ、1部屋に投資したときよりも借入れを行って3つの部屋に投資したほうが収益が上がるといえます。

　しかし、投資収益率（ROI）8％に対してローン定数（K％）が非常に近似しています。投資収益率の源泉になっているものは、賃料収入による年間総利益（NOI）ですので空室率が上がった場合、年間総利益（NOI）が下がりますので、投資収益率（ROI）も下がってしまうリスクが発生してしまいます。そうなれば投資収益率

(ROI)＜ローン定数（K％）となることも大いに予測されますので、空室率というリスクをコントロールすることが可能なのかを考えなければなりません。これが、②の3つの部屋を運用する場合のリスクのひとつです。空室率は近隣データやその物件の立地条件等に影響されますので、これらを分析し、空室率がどのくらいなのか、近隣の状況から単身者向けの部屋に対して需要がどのくらいある環境なのかを調べることは非常に大切です。

　このように、近隣データによるリスクコントロールもありますが、入居者の転居に関しては投資家がコントロールできることではありません。では、どうしたらよいでしょうか。投資収益率（ROI）をコントロールすることが難しそうな場合は、逆にローン定数（K％）を避けることができればレバレッジ効果を期待できます。

　先ほどローン定数を下げる際に、巻末付録の元利均等償還率（月額）の一覧表を利用しました。金利5％で返済期間20年の値0.006600を使い、ローン総額にこの値を掛けることにより返済額を出しました。

　　　　月額返済額
　　　⌒⎴⎴⎴⎴⎴⎴⎴⌒
（借入額　×　元利均等償還率×12カ月）÷借入金＝ローン定数
（1,200万円×　0.006600×12カ月）÷1,200万円　＝0.0792

　この式を分解すると、0.006600×12カ月＝0.0792となりローン定数が求められます。そうするとローン定数は、元利均等償還率（月額）の一覧表の値に12カ月を掛ければ出てきます。投資収益率（ROI）より低いローン定数の場合、レバレッジ効果があるのですから、この元利均等償還率の一覧表から投資収益率より低くなるローンを見つけ出せれば投資収益率（ROI）＞ローン定数（K％）が成立し、レバレッジ効果による投資効率をコントロールすることができるようになります。

不動産投資基礎練習編

元利均等償還率（月額）一覧表の金利4％の返済期間20年の欄を見ると、
0.006060となっていますから、12カ月を掛けるとこの条件のローン定数は0.07272だと分かり、また金利5％の返済期間30年は、0.005368ですので、12カ月を掛けるとローン定数は0.064416だということが分かりますので、この表でローン定数を把握することにより金融機関との交渉によるローンのコントロールができます。このことはリスクのコントロールでもあります。

購入判断のトレーニング　　その3
　Aさんは、自己資金300万円を元手に不動産投資をしようと考えています。金融機関の借入れを行うことで不動産を購入するつもりですが、果たしてどれだけの融資を受けてどのような不動産を購入すればよいのか分かりません。まして特別に懇意にしている金融機関があるわけでもありません。そこでAさんは、コンサルタントのあなたに投資の相談に来たとしましょう。あなたはコンサルタントとしてどのようなアドバイスをしますか？　どのような投資の提案をしますか？

　あなたはまず、Aさんが自己資金300万円でどのようなことをしたいのかを明確にしてあげることが必要です。Aさんは不動産投資をしたいと思っていますが、賃貸不動産を購入してオーナーをしたいのか、それとも自己資金の300万円を、不動産を使うことによって利殖的に殖やしたいのか、また、殖やすとしたらどれだけの期間でいくらぐらいにしたいのかは分かっていないはずです。分かっていない人にどうしたいのかを聞いても答えを出せないでしょうし、だから相談に来たのだとお叱りを受けてしまうことも考えられます。コンサルタントなら、Aさんが自己資金300万円をどのように運用したいのかを導き出してあげ、Aさんに目的をはっきりさせて

あげることも仕事のひとつです。Ａさんがあなたに相談してよかったと思っていただけるポイントでもあります。

では、どうしたらよいのでしょうか？

まずは、Ａさんに不動産投資の特徴と不動産投資は自己責任において行うものだということを、説明してご理解いただくことです。そして、不動産投資においてのキャッシュフローの意味と重要性を説明します。そのうえで、投資不動産（賃貸不動産）を単に所有することを目的とする場合でしたら、キャッシュフローが安定的で、借入金の返済に十分に充てられる年間総収入（NOI）を生み出せる物件をご紹介すれば、Ａさんの目的は達成できます。

また、利殖を目的としているならば、投資金額に対するリターン＝自己資本配当収益率（ROE）を、投資マーケットにおける他の投資商品と比べることによって利回りを確認させてあげればよいのでしょう。そのうえでＡさんに不動産投資の利回りとリスクを説明することによって投資利回りがはっきりとしてくると思います。

ここでは、Ａさんは自己資金に対して投資利回り８％を目標に投資を行いたいとの意思が固まったとしましょう。

あなたが次に行うことは、８％の投資収益率を持つ不動産を探すことでしょうか？　いいえ、違います。Ａさんは、自己投資資金額は300万円で、残金を金融機関からの借入れで行いたいと言っています。ですから、金融機関よりＡさんがどれだけの融資を受けることができるかを知る必要があります。そうすることにより、どんな物件を探せばよいのかが次第に明確になるからです。

金融機関３行に融資条件を聞いてみましょう。

すると各金融機関から下記のような条件情報を得ることができました。

	○○銀行	△△銀行	□□信用金庫
債務回収比率（DCR）	1.35	1.3	1.4

第7章 事例研究

ローン比率（LTV）	80%	90%	70%
貸出期間	20年間	20年間	30年間
貸出金利	3.5%	6%	2.5%

　以上のような条件が提示されましたので、この条件に基づき、それぞれの金融機関からの上限融資額と返済金額を出してみましょう。

　借入金額は、ローン比率（LTV）によって分かります。ローン比率（LTV）が80%ということは、自己資金が20%必要です。また、返済金額は巻末付録の元利均等償還率（月額）の指数を借入金額に掛ければ出てきます。

　　月額の償還率×12カ月＝年間償還率です。

	○○銀行	△△銀行	□□信用金庫
ローン比率（LTV）	80%	90%	70%
自己資金比率	20%	10%	30%
自己資金額	300万円	300万円	300万円
借入金上限額	1,200万円	2,700万円	700万円
年間の償還率	0.0696	0.0860	0.0474
購入可能金額	1,500万円	3,000万円	1,000万円
（本件の場合は、諸経費等は考慮していません）			
年間返済額	835,200円	2,322,000円	331,800円

　上記の表で分かるように、金融機関のローン条件を知ることにより、今投資できる自己資金で、どれくらいの不動産を購入することができるかの判断ができます。

　Aさんが○○銀行から融資を受ける場合は、1,500万円までの不動産が購入できます。△△銀行から融資を受ける場合は、3,000万

円までの不動産を購入することができます。□□信用金庫からは、1,000万円の不動産が購入できる融資が受けられることまでが分かりました。

次にする必要な作業は、それぞれの不動産でローンの支払いができるのかを検証しなければなりません。各金融機関が貸出条件の中に債務回収比率を設けていますので、それぞれの債務回収比率を満たす最低限の総収入（NOI）がどれくらいかを知ることで、債務回収比率を満たさなければ融資は成立しないということです。

融資を受けるために必要な総収入（NOI）を求める式は、

　　債務回収比率（DCR）×借入額×ローン定数（K％）＝年間総収入（NOI）

○○銀行の場合は、

　　1.35（DCR）×1,200万円×0.0696（K％）＝1,127,520円＝NOI

△△銀行の場合は、

　　1.3（DCR）×2,700万円×0.0860（K％）＝3,018,600円＝NOI

□□信用金庫の場合は、

　　1.4（DCR）×700万円×0.0474（K％）＝　464,520円＝NOI

という年間総収入が必要ということが分かりました。

それぞれの年間総収入から融資の年間返済額を差し引いた金額がキャッシュフローになります。このキャッシュフローを自己投資金額で割ると、自己資本配当収益率（ROE）が求められます。Aさんは、自己資本配当収益率を8％と設定しましたので、Aさんの要求を満たすものかを、次に検証します。

○○銀行融資の場合は、

　　ROE＝（1,127,520円（NOI）－835,200円（年間返済額））÷300万円
　　　　＝0.09744　≒　9.7％

△△銀行融資の場合は、

　　ROE＝（3,018,600円（NOI）－2,322,000円（年間返済額））÷300万円
　　　　＝0.2322　≒　23.2％

第7章 事例研究

□□信用金庫融資の場合は、
 ROE＝(464,520円(NOI)−331,800円(年間返済額))÷300万円
    ＝0.04424 ≒ 4.4％

となります。ここで自己資本配当収益率（ROE）8％を満たしていない□□信用金庫の融資は今回の融資には向いていないことが分かりました。そうすると○○銀行、△△銀行のどちらを利用して不動産を購入したらよいかということになります。自己資本配当収益率から見ると△△銀行からの融資で不動産を買うと、なんと23.2％の収益率を稼ぎ出します。そうなると△△銀行から融資を受けて投資するのがベストということが分かりました。

　しかしこれは、3,000万円で購入できるNOIが301万8,600円以上ある物件をこれから探しましょうということです。NOIが約300万円ということは、総収入で350万円以上ある物件を探さなくてはなりません。総収入は、空室損や回収損を差し引いた金額になりますので総潜在収入が380万円くらいになり、現実問題このような物件をマーケットで探すことは非常に困難と予測できます。

　逆に○○銀行からの融資により購入できる不動産の場合は、投資家の求める自己資本配当収益率（ROE）8％を満たしていますし、NOIが約112万円ということは総収入が130万円で総潜在収入が141万円以上と予測できます。そうすると△△銀行融資による3,000万円物件よりは○○銀行融資による1,500万円物件のほうがマーケットに存在する確率が非常に増えてきます。

　コンサルタントとしてのあなたは、Aさんに、不動産投資は自己責任である点をもう一度確認したうえで、リスク（購入リスクとローンの返済額の大きさ）を取っても、キャッシュフローの大きさを望むなら△△銀行の融資を受けた3,000万円物件の購入を、また投資金額に対しての自己資本配当収益率8％をすでに満たしていてキャッシュフロー額は少ないが、△△銀行融資の3,000万円物件よ

りリスクの少ない○○銀行の融資を受けた1,500万円物件の購入を勧めるというコンサル結果になります。

　Aさんから、ならば△△銀行から○○銀行と同じ額の1,200万円の融資を受ければ△△銀行からの融資でもよいではないかと言われた場合は、どう答えますか？

　その場合は、ローン定数が△△銀行のほうが○○銀行より高いので、同じ物件の購入を△△銀行から融資を受けると、キャッシュフローが下がり、自己資本配当収益率が下がりますとアドバイスすることになります。

購入判断のトレーニング　　その4

　1990年に建築された鉄筋コンクリートの3階建ての賃貸マンションがあります。駅から徒歩4分で、全室南を向いています。間取りは1LDKが5戸、2DKが5戸、ワンルームが10戸です。設備は1LDKタイプを除いてすべてが3点式ユニットバスで、エアコンはついていますが、BSやインターネット等のインフラは整備されておらず、入居者が個別にそれぞれの会社と契約をしています。入居に関しては、今現在1LDKは満室、2DKは2戸入居中、ワンルームは4戸入居中です。賃料やそれぞれの部屋のデータ等は次頁の表のとおりです。

　この物件は私鉄沿線にあり、駅前にはスーパー、コンビニエンスストア、レンタルDVDショップ、本屋などがあり、駅前商店街も充実しています。沿線には大学や専門学校はありませんが、その私鉄の始発駅がその地域の核となっています。始発駅まで急行で13分、各駅停車で20分かかります。始発駅は百貨店や娯楽施設、商業ビルやオフィスビルが多く建っています。

　この賃貸マンションが売りに出されています。権利は所有権で売却希望価格は2億円です。販売チラシには利回り10.6％と書いてあります。

不動産投資基礎練習編

第7章 事例研究

あなたは手元に4,000万円持っています。利回りを最低8％は欲しいと考えている場合、この賃貸マンションに投資を行ったほうがよいでしょうか？ 投資をしないほうがよいでしょうか？

ちなみに金融機関はあなたに、金利4％で返済期間25年の元利均等払いを用意できると言っています。

投資判断を始めるためにもいろいろなデータが必要です。

物件データ

宅地　　地積　470㎡　　　建ぺい率60％　　容積率200％
建物　　鉄筋コンクリート造陸屋根地上3階建　延べ床面積850㎡

号室	月額賃料	号室	月額賃料	号室	月額賃料
101	60,000円	201	100,000円	301	110,000円
102	空室	202	空室	302	110,000円
103	60,000円	203	空室	303	110,000円
104	60,000円	204	空室	304	110,000円
105	60,000円	205	100,000円	305	110,000円
106	空室				
107	空室				
108	空室				
109	空室				
110	空室				

全戸　共益費　月額3,000円（一律）
駐車場は6台分あり、月額20,000円／台です。
駐輪場の使用料はかかりません。

入居者のデータ

　ワンルームタイプの101号室は郊外の大学へ通う学生で、現在3年生です。再契約をしました。少なくとも卒業するまでは住みたいと言っています。

　ワンルームタイプの103号室は社会人です。男性で24歳です。今年転勤で引っ越してきました。駐車場も借りています。

　ワンルームタイプの104号室は社会人です。男性で20歳です。6カ月後に契約が満了となります。再契約するかの意思確認はできていません。駐車場も借りています。

　ワンルームタイプの105号室は社会人です。男性で29歳です。学生の頃から約9年間住んでいます。

　201号室は2DKで50歳前後のご夫婦が入居です。3年前までは息子さんも住んでいましたが、息子さんは結婚され304号室に住んでいます。駐車場も借りています。

　205号室は2DKで43歳の男性が3年前より単身赴任で入居しています。

　3階はすべて1LDKで満室です。3年前に2DKを管理会社のアドバイスで1LDKに改装しました。改装後1カ月以内に全室満室になりました。

　301号室は単身女性34歳で看護婦をしています。隣の駅の病院へ勤務しています。通勤には自転車を使っているそうです。駐車場も借りています。

　302号室は単身男性29歳で社会人です。3年前の改装時に入居しました。

　303号室は新婚夫婦が住んでいます。昨年入居しました。現在奥様は妊娠中です。駐車場も借りています。

　304号室は2歳の子供のいるご夫婦が住んでいます。201号室にはご主人のご両親が住んでいます。

　305号室は30歳の単身男性でIT関係の仕事をしています。3年前

不動産投資基礎練習編

より住んでいます。駐車場も借りています。入居申込時の申請書には年収1,000万円と書かれています。

　すべての入居者とは契約違反がない場合に限り、再契約のできる定期賃貸借契約を締結しています。契約期間はすべて2年間です。

　本物件には、契約時、再契約時の礼金はありません。オーナー側にも契約時には不動産会社への仲介手数料等の支払いもありません。

　現在の入居者に滞納者や契約違反者はいません。

室内の状況

　現在の空室は、入居募集のためのリフォームはされていますが、間取りや設備の変更はありません。排水管、給水管もその際チェックし、異常ないとの報告を受けました。

過去の修繕工事

　3年前に2DKの部屋を1LDKに改装しました。その際にかかった費用は1,000万円でした。外壁や屋上の防水工事は昨年1,200万円掛けて修繕しました。

インフラ工事

　現在インターネットに関しては光ケーブル引込工事を行っています。引き込み後の使用料は定額で18,000円／月となり、費用は貸し主が支払います。入居者の負担がなくインターネットを使用できますので、入居者にとって便利です。BSに関してはデジタル放送を踏まえ、見積りを取ったところ工事見積額が100万円でした。まだ発注はしていません。

管理状況

　管理は地元の不動産会社に委託しています。物件の状態や滞納等がないこと、またインターネット環境をつくっていることから、積

極的な管理を行っている良質な管理会社であると想像できます。オーナーは管理費として集金賃料の8％を支払う契約をしています。管理費8％の中には賃料保証や滞納保証は入っていません。隣の駅の管理会社から、賃料管理だけなら滞納保証を付けて4％で管理するとのアプローチはあります。

近隣の人口統計

過去10年間の人口は横ばいです。年齢層は50歳代の人がいちばん多く住んでいます。ただし、賃貸住宅ができている状況から25～35歳までの人の人口が増えています。その層の男女比率は約1対1です。また家族構成はファミリーです。単身者世帯数は増えていません。

近隣の状況

この地域は、駅を中心として住宅が広がります。戸建て住宅が中心ですが、最近は賃貸住宅（低層のアパート、マンション）も増えてきました。また近くに公園等があり住環境は良好です。隣の駅は分譲マンションの建設ラッシュです。また2年後に大学が引っ越してきます。大学のできる駅までは始発駅と反対に各駅停車で20分奥へ行きます。隣の駅にできる新築分譲マンションの価格は3LDKのタイプで3,500万円前後です。2LDKタイプは3,000万円前半です。本物件の近くで昨年宅地の取引があり、その売買価格は坪当たり70万円でした。

賃貸住宅の入居率

ワンルームタイプ 73％　1DKタイプ 80％　2DKタイプ 78％
1LDKタイプ 98％　2LDKタイプ 79％　3LDKタイプ 82％

アンケート

沿線の賃貸住宅にお住まいの人や、これから賃貸住宅を探されて

いる人の希望設備や仕様の年齢別のベスト3とワースト3は下記のとおりです。

18～29歳	ベスト	1．インターネット	2．オートロック	3．エアコン
	ワースト	1．3点式ユニット	2．畳	3．洗濯機置場
30～39歳	ベスト	1．インターネット	2．オートロック	3．追炊式風呂
	ワースト	1．3点式ユニット	2．電気コンロ	3．畳
40～49歳	ベスト	1．追炊式風呂	2．オートロック	3．日照
	ワースト	1．3点式ユニット	2．塗り壁	3．バス便
50～60歳	ベスト	1．追炊式風呂	2．セキュリティ	3．日照
	ワースト	1．3点式ユニット	2．バス便	3．エレベーターなし

では、さっそく以上のデータをもとに分析を行ってみましょう。

まずは、**この不動産の現在の価値**を調べましょう。これは単純に現在の実効総収入（NOI）を収益還元率で割り戻せば求められます。現在の賃料収入の居住部分は、月額合計99万円×12カ月＝1,188万円、駐車場収入は、月額12万円×12カ月＝144万円で、1,180万円＋144万円＝1,324万円が年総収入になりますが、ここから経費を差し引いたものが実効総収入（NOI）になります。経費が分かりませんので約2割が税金や維持費等とし、1,324万円×80％＝1,059万円を実効総収入（NOI）とします。

収益還元率が分かりませんのでオーナーの希望投資利廻りを収益還元率として見ます。1,059万円（NOI）÷8％＝1億3,237万円となりました。

現在の実力を評価すると、物件価格は1億3,237万円ですが、実際には2億円で売りに出されています。ですから、この物件には投資しないほうがよいということになります。

しかし、物件資料では非常に空室の多い物件でしたので、この空室を埋めることができれば収益はアップするはずです。したがって、

リフォームまたはリノベーションを行って空室が埋めることができるのか？　また、リフォーム・リノベーションを行ったとしたら入居需要があるのか？　需要があるとしてどれくらいのリフォーム・リノベーション費用がかかるのか？　を算出しなければなりません。

リフォーム・リノベーションの計画は、資料では壁紙等はリフォーム済みであり、配管等の確認は済んでいますが、入居がないということは現在の室内がきれいかどうかということではなく、間取りや設備が市場の望むものになっていないために物件が陳腐化している可能性もあります。この物件がある市場の入居率を見てみると、現在、空室の間取りの入居率はワンルームが73％、2DKは78％と他の間取りの中でも非常に低い入居率です。それに比べ1LDKはすべての中でいちばん高い入居率98％を示しています。現に3年前のリノベーション時に2DKを1LDKに変更し、すべて入居しました。ですから室内をきれいにしたり、設備を新しいものに変更するリフォームではなく、間取りを変更するリノベーションを行ったほうがよさそうです。今回の場合も、可能な範囲で1LDKの部屋を多く造ったほうがよいのです。

1LDKにするとして費用はいくらかかるかを算定しますが、3年前に2DKを3室1LDKに改装しています。このデータで見ると、3室で1,000万円の費用がかかっていますので1部屋当たり約350万円の費用がかかることになります。

今回は、次表のようになります。

301　1LDK	302　1LDK	303　1LDK	304　1LDK	305　1LDK					
201　2DK		202　改修可能		203　改修可能		204　改修可能		205　2DK	
101	102	103	104	105	106	107	108	109	110
1R	空	1R	1R	1R	空	空	空	空	空

不動産投資基礎練習編

この5室を1LDKへ変更できます。そうなるとリノベーション費用1部屋当たり350万円ですから、350万円×5室で1,750万円の費用がかかると予想できます。また、この物件の1LDKに住んでいる人の年齢が30代が多いことから、改装後も30代の人が入居すると予測できますので、アンケート結果より30代の人が望む設備を取り入れたリノベーション工事を行えばよいと計画も立てられます。
　リノベーション工事により出来上がった**部屋の賃料の設定**ですが、手元のデータには残念ながら近隣の賃料データがありませんので仮説を立てます。仮説では、隣の駅が今、マンション建設ラッシュなので、販売価格も2LDKが3,000万円前半で3LDKは3,500万円前後です。まず販売間取りの多くが2LDKまたは3LDKですから購入層はファミリー層でしょう。ファミリー層は現在賃貸住宅に住んでいることも予測可能です。賃貸住宅の入居率は1LDKが非常に高いことからも、マンションを購入しようとしている人は1LDKに住んでいて、家族構成が変わったとか、子供が成長したとかで現在の住まいが手狭になったので転居を考えた人たちだとも予測できます。また、3,000万円のマンションを頭金500万円で30年ローンを金利3％で借りた場合の元利均等払い（ボーナス払いなし）の場合、月額返済額は約105,400円となります。このことから現在支払っている賃料とマンションの購入に際して支払う月々のローン額がほぼ同じくらいと考えると、マンションの管理費と修繕積立金が約20,000円と予測した場合の賃料支払額は約125,000円前後ではないかと予測できます。
　現在、物件では11万円の賃料を取っています。新築ではないことと、3年前の改装時に、改装後短期間で満室になったことから考えますと、若干近隣よりは賃料が低い設定になっている場合も考えられますが、今回は投資に対してのリターンを基本に入居率の促進から、リノベーション後の賃料も現在と同額で設定したほうがよさそうだということになります。

賃料が、決定すればこの物件の満室稼働時の**総収入の予測**ができます。入居中の部屋は、現在の賃料を当てはめ、新規に募集する部屋はデータより募集賃料に入居率を掛けることにより導き出します。募集した日に入居があるのか、または何カ月も空室が続くのかを勝手に予測しても仕方ありませんので、マーケットデータを使い予測します。

予想年間収入は、

部屋	状態	計算		金額
101号室	入居中			60,000円
102号室	空室	60,000円×73%	=	43,800円
103号室	入居中			60,000円
104号室	入居中			60,000円
105号室	入居中			60,000円
106号室	空室	60,000円×73%	=	43,800円
107号室	改装	110,000円×98%	=	107,800円
108号室	改装	110,000円×98%	=	107,800円
201号室	入居中			100,000円
202号室	改装	110,000円×98%	=	107,800円
203号室	改装	110,000円×98%	=	107,800円
204号室	改装	110,000円×98%	=	107,800円
205号室	入居中			100,000円
301号室	入居中			110,000円
302号室	入居中			110,000円
303号室	入居中			110,000円
304号室	入居中			110,000円
305号室	入居中			110,000円
駐車場	6台分			120,000円
合計月額				1,736,600円
年間総収入				20,839,200円

月額を12カ月分にすれば年間総収入が分かり、以上のようになり

不動産投資基礎練習編

ました。収益還元法によって、不動産価格を出すためには、**実効総収入（NOI）**を出さなければなりません。実効総収入を出すには年間総収入から運営費等の経費を差し引きます。今回の物件において経費で分かっているのは管理会社のフィーだけです。後は予測できるような資料がありませんので年間総収入の2割を経費として計算することにします。

　年間総収入20,839,200円×20％＝4,167,840円が運営費等となり年間総収入から運営費を差し引き実効総収入を求めると、20,839,200円－4,167,840円で、実効総収入は16,671,360円となります。

　リノベーション費用を掛けた場合の実効総収入（NOI）が分かりました。次にこれを基にディスカウント・キャッシュフロー法により投資不動産の価値を考えてみましょう。

　この不動産が2億円で売り出されています。自己資金は4,000万円あります。リノベーション費用で1,750万円を投入すると、2億円＋1,750万円が物件に投資する金額ということになります。

　ディスカウント・キャッシュフロー法は、毎年の実効総収入（NOI）を基に割引率と収益還元率で計算されますので、毎年の実効総収入（NOI）をまず予測してみましょう。

　実効総収入（NOI）の初年度の予測は約1,700万円でした。2年目以降も同じ額1,700万円の収入が得られるとは限りませんので、2年目以降を予測します。この予測もなるべくきつめに見たほうが、予測と現実とのギャップ幅が小さくなります。

　〔101号室〕　現在大学3年生で卒業まで住みたいということですから、後2年は入居してくれると予測します。

　〔103号室〕　転勤で引っ越してきたので、通常だと5年間は転勤がないと予測できます。

　〔104号室〕　駐車場も借りていますが、近々に再契約となります。再契約するか転居するか確率は50％です。

　〔105号室〕　契約期間は1年間残っています。1年後は30歳です

ので、結婚、転勤またはマンション等の購入など転居の可能性は高いです。

〔201号室〕 息子さん夫婦が同じマンションに居住していることから、転居の可能性は低いと予測されます。

〔205号室〕 単身赴任ではありますが、転勤等が5年サイクルと予測すると、あと2年は居住し続けると考えられます。

〔301号室〕 3年前（リノベーション時）に入居され判断は難しいのですが、勤務先が隣の駅ということで入居されたと予測できます。結婚または不動産購入以外の転居は予測しにくいので、転居確率は50％ですが、契約期間からあと1年は居住していただけると考えられます。

〔302号室〕 この人のデータも少ないので予測しにくいのですが、あと1年は居住すると予測できます。

〔303号室〕 新婚夫婦で赤ちゃんが生まれるとの情報から、子供さんが5歳くらいまではこの間取りで住めますので、近々の退去はないと予測します。

〔304号室〕 201号室にお住まいのご夫婦のご子息の家族です。たぶん親が住んでいるという利便性で入居されたのだと予測できますので転居の確率は少ないと思います。

〔305号室〕 年収や年齢から分譲マンションを購入する確率は非常に高いです。契約期間が1年間残っていますが、再契約はなく退去の確率は高くなります。

以上のことをまとめで5年間の実効総収入を表にすると下記のようになります。

	1年目	2年目	3年目	4年目	5年目
101号室	720,000	720,000	525,600	720,000	720,000
102	525,600	720,000	720,000	720,000	525,600
103	720,000	720,000	720,000	720,000	720,000

104	720,000	525,600	720,000	720,000	720,000
105	720,000	720,000	525,600	720,000	720,000
106	525,600	720,000	720,000	720,000	720,000
107	1,293,600	1,320,000	1,320,000	1,320,000	1,320,000
108	1,293,600	1,320,000	1,320,000	1,320,000	1,320,000
201	1,200,000	1,200,000	1,200,000	1,200,000	1,200,000
202	1,293,600	1,320,000	1,320,000	1,320,000	1,320,000
203	1,293,600	1,320,000	1,320,000	1,320,000	1,320,000
204	1,293,600	1,320,000	1,320,000	1,320,000	1,320,000
205	1,200,000	1,200,000	936,000	1,200,000	1,200,000
301	1,320,000	1,320,000	1,320,000	1,320,000	1,320,000
302	1,320,000	1,320,000	1,293,600	1,320,000	1,320,000
303	1,320,000	1,320,000	1,320,000	1,320,000	1,320,000
304	1,320,000	1,320,000	1,320,000	1,320,000	1,320,000
305	1,320,000	1,320,000	1,293,600	1,320,000	1,320,000
駐車場	1,440,000	1,435,200	1,435,200	1,440,000	1,440,000
総収入	20,839,200	21,160,800	19,449,600	21,360,000	21,165,600
運営費	△4,167,840	△4,232,160	△3,889,920	△4,272,000	△4,233,120
NOI	16,671,360	16,928,640	15,559,680	17,088,000	16,932,480

新規単身者の入居期間を平均4年間と考えます。

駐車場の入庫率は当然に転居があれば、次の人の入庫まで空車期間が必ずありますので、便宜上空車率を1%として予測します。

次に**割引率**を求めます。割引率は投資家の期待利回りを用いますが、今回は金融機関からの融資を考えているため割引率は、

　　　（借入金額÷不動産価格×元利均等償還率）　　………①
　－　（借入金額÷不動産価格×償還基金率）　　　　………②
　＋　（自己資金÷不動産価格×期待利回）　　　　　………③

　＝　割引率

の式で求められます。借入金額は自己資金が4,000万円に対し不動産購入額＋リノベーション費用で2億1,750万円です。投資不動産価格に対しての比率は、自己資金部分約18%、借入部分約82%となります。また、借入条件を返済期間25年、金利4％の元利均の毎月払いとしています。上記の式に当てはめていくと、

（82%×元利均等償還率）×12カ月－82%×償還基金率＋18%×8％となり、元利均等償還率と償還基金率を巻末の簡易表を使い当てはめると、今回は月払いですので元利均等償還率は金利4％の返済期間25年の欄で0.005278であり、償還基金率は0.024012ですので、

割引率＝0.82×0.005278×12－0.82×0.024012＋0.18×0.08
　　　＝0.0466
　　　＝4.66%

そして**収益還元率**を求めます。収益還元率はマーケットの収益還元率、金融機関の収益率と投資家の収益率があります。本件は投資家の収益率を使いますので、次の式を使い求めます。

82%×（月賦元利均等償還率）×12カ月＋18%×投資家の利回り8％

割引率と同じ月払いの元利均等償還率は、金利4％の25年払いの欄で0.005278を用います。

収益還元率＝0.82×0.005278×12＋0.18×0.08
　　　　　＝0.0663
　　　　　＝6.63%

以上で求めた実効総収入と割引率と収益還元率を使い、ディスカウント・キャッシュフロー法でこの不動産の現在価値を出してみます。巻末の複利現価率の表では、今回使う割引率4.66%の欄がないので近似の4.5%の欄を使います。割引率が低くなると現在価値も減ってしまいますが、今回の検討において、価値が多少下がる分には予測が大きくずれることはないのでこの数値を使わせてもらいます。

不動産投資基礎練習編

第7章 事例研究

	1年	2年	3年	4年	5年	売却時	
年間収益	1667万円	1693万円	1556万円	1709万円	1693万円	1693万円	25524万円
割引率	4.5%	4.5%	4.5%	4.5%	4.5%	6.63%	4.5%
複利現価率	0.9569	0.9157	0.8763	0.8385	0.8024		0.8024
現在価格	①	②	③	④	⑤		⑥
計	①+②+③+④+⑤+⑥の合計						

現在価値＝①約1,595万円＋②約1,550万円＋③約1,363万円＋
　　　　　④約1,433万円＋⑤約1,358万円＋⑥約21,032万円
　　　　＝約2億8,331万円

となります。

初期購入価格＋リノベーション価格＝2億1,750万円ですので、2億8,331万円－2億1,750万円＝6,581万円の正味現在価値（NPV）を生むことになります。

この不動産は、修繕計画を実行して運用することができれば、現在売り出されている価格は不動産の実力・価値よりも低く評価されていることが分かりますので、お買い得ということがいえそうです。

次に投資家が望むように借入金を利用してこの投資不動産が購入できるのか、そして安全に運用できるためにどれだけの運用をし、そのリスクはどれだけあるのかをテストしてみましょう。

今回は自己資金4,000万円を使い、残りの金額は金融機関からの借入れですので、借入金を利用して購入したことがよかったのか、そうでなかったのかを**レバレッジ効果を測定**することで行います。レバレッジ効果を測定するには、投資収益率（ROI）と自己資本配当収益率（ROE）を比較することによって判断ができます。投資収益率は実効総収入を不動産価格で割った数字です。また、自己資本配当収益率は実効総収入から借入金返済額を差し引いた残金を自己投資額で割った数字です。また、レバレッジ効果がある場合はROI＜ROEとなりますので、下記の表のように比較してみましょう。

投資収益率（ROI）

	NOI	不動産価格	ROI
1年目	16,671,360	217,500,000	7.66%
2年目	16,928,640	217,500,000	7.78%
3年目	15,559,680	217,500,000	7.15%
4年目	17,088,000	217,500,000	7.86%
5年目	16,932,480	217,500,000	7.79%

以上のようになりました。

次に自己資本配当収益率（ROE）を見てみましょう。

	NOI	ADS	BTCF	自己投資額	ROE
1年目	16,671,360	11,242,924	5,428,436	40,000,000	13.57%
2年目	16,928,640	11,242,924	5,685,716	40,000,000	14.21%
3年目	15,559,680	11,242,924	4,316,756	40,000,000	10.79%
4年目	17,088,000	11,242,924	5,845,076	40,000,000	14.61%
5年目	16,932,480	11,242,924	5,689,556	40,000,000	14.22%

・NOI＝実効総収入　ADS＝年間ローン返済額　BTCF＝税引前キャッシュフロー

以上のようになります。

この投資収益率（ROI）と自己資本配当収益率（ROE）とを比べると、

1年目	ROI	7.66%	＜	ROE	13.57%
2年目	ROI	7.78%	＜	ROE	14.21%
3年目	ROI	7.15%	＜	ROE	10.79%
4年目	ROI	7.86%	＜	ROE	14.61%
5年目	ROI	7.79%	＜	ROE	14.22%

となります。レバレッジ効果が出る場合は、ROI ＜ ROE ですので、すべてにおいてレバレッジ効果があったということになります。つまりこのケースの場合、融資を受けての不動産投資、購入は有効な手段であると確認できたことになります。

この投資の金融機関側からのリスクを計ります。投資家は計算上融資を受けて行う投資の安全性を検証していますが、金融機関が融資を実行してくれなければ投資不動産の購入ができませんから、融資を実行してもらえる安全性を検証します。

不動産価格に対する借入金額の比率である**ローン資産比率（LTV）**を検証します。この比率が大きければ大きいほど貸し手である金融機関のリスクが高くなります。今回のケースは、不動産価格がリノベーション費用を入れて2億1,750万円で、自己資金を4,000万円用意していますので、借入金額は1億7,750万円となります。したがって、ローン資産比率（LTV）は、81.61%となります。

次に**ローン定数（K%）**を求めます。ローン定数はローンの返済額をローンの借入額で割ります。毎年のローン返済額（ADS）は11,242,924円ですので、借入額177,500,000円で割ると6.33%となります。

債務回収比率（DCR）は、年間実効総収入（NOI）を年間のローン返済額（ADS）で割って求めます。年間の収益は毎年違っています。どの年の実効総収入を取るかによって違ってきますが、リスクを避けるということからいちばん低い年の実効総収入（NOI）を選ぶと3年目の15,559,680円となり、これを借入金額の年間返済額（ADS）11,242,924円で割ります。すると債務回収比率（DCR）は、約1.38となります。

以上により、**ローン資産比率（LTV）**は、約81.61%
　　　　　　ローン定数（K%）は、約6.33%
　　　　　　債務回収比率（DCR）は、約1.38

となりました。この数字は、あくまでも今回検討している投資物件の実力予想です。したがって、金融機関がローン条件として、この条件以下を設定している場合は融資を受けられるということになります。また、この条件以下の融資条件を設定している金融機関を探せば、融資の実効は可能となります。

　最後に**損益分岐点（BE％）**を検証します。損益分岐点（BE％）は、年間の運営費と年間の借入金返済額（DAS）との合計を、予想年間総収入で割った値です。不動産を持っているだけでかかる経費（固定資産税・都市計画税・共用部分の電気代金、清掃費等）と借入金があった場合は必ず返済しなければならない年間返済額を支払うために最低の入居率（＝損益分岐点BE％）を知らなければなりません。損益分岐点の入居率が高く、市場平均入居率が低い場合は、赤字が出ますので、投資、不動産経営は失敗ということになります。

　このケースの運営費は、ディスカウント・キャッシュフロー法を求める際に求めた各年の運営費の中でいちばん金額が多い年の額4,233,120円と年間返済額11,242,924円の合計を総収入額で割ります。総収入額はあくまでも満室稼働時の数字ですから、空室率0％、未回収率0％ということになります。この不動産の総収入は、
　ワンルームが6室で月額賃料60,000円の12カ月で、
　　　　　　　6室× 60,000円×12カ月＝ 4,320,000円
　2DKが2室で月額賃料100,000円の12カ月で、
　　　　　　　2室×100,000円×12カ月＝ 2,400,000円
　1LDKが10室で月額賃料110,000円の12カ月で、
　　　　　　　10室×110,000円×12カ月＝13,200,000円
　駐車場6台で月額使用料20,000円の12カ月で、
　　　　　　　6台× 20,000円×12カ月＝ 1,440,000円
となりますので、合計金額は21,360,000円です。

損益分岐点＝（運営費4,233,120円＋年間返済額11,242,924円）
　　　　　÷年間総収入21,360,000円
　　　　＝15,476,044円　÷　21,360,000円
　　　　＝72.45％

　最低この不動産の入居率（稼働率は）は、72.45％必要ということになります。

　分析したこの近隣の入居率データからいちばん低いワンルームの平均入居率は73％でした。また2DKは78％、1LDKは98％ですので、損益分岐点よりは上回ります。

　以上の検証から、現在2億円で販売されている不動産へ投資することは、可能だということが分かりました。

　以上は、ほんの一例について基本的な練習しただけです。決して困難な計算をしたわけでもなく、難易度の高いテクニックを使ったわけでもありません。この方法を覚えることが不動産投資の基本ですから、練習を各自で続けて実践での成功をお祈りします。

まとめ

　投資不動産の見つけ方や、不動産会社の選定の仕方などの知識をつける前に、投資不動産の物件自体の持つ力や能力を検証する力、判断能力を身に付けなければ、絶対といっていいほど**確実に不動産投資で成功する方法**はありません。

　今まで述べてきたように、データの裏付けによる投資の判定方法を知らなければ、たまたま満室だったので投資が成功したり、その逆に購入したときは満室だったのに、次から次へと入居者が退室し、なかなか埋まらないので賃料を下げたら収支がうまくいかず、こんなはずではなかったというケースもたくさんあります。これでは投資はギャンブルになってしまいます。

　本書の不動産投資に対しての知識があれば、自宅を購入する際にも使えます。

　「毎月賃料を支払っているのはむだだ」「払っているだけで、自分のものにならないのなら自宅用不動産を購入したほうが得だ」という話を聞きます。しかし反対に「購入すると長いローンができ、またその家に拘束されるから、賃貸へ住んだほうが得だという」という話も聞きます。どちらにも一理あると思います。

　しかし、購入した自宅に永久的に住むという固定観念を捨て、10年間住めば家族構成も変わるから売却しようと考えた場合、10年後のインフレ率や金利動向の予測は正確にできなくとも、その不動産の所在する地域のデータにより近隣がどのように変化していくか、賃貸に出した場合、借り手がいるのかいないのか等を予測することができれば、DCF法を用いて購入価格やリスクの判断がしやすくなるのも事実です。

　また、自宅を購入することは、資産形成や投資ではないという人もいますが、自宅の購入も立派な投資であり資産形成です。不動産投資、購入の最大の特色のひとつに、不動産価格の全額を自己資金

第7章 事例研究

でまかなわなくてもよいという点があります。これは自己資金が自宅を購入する代金の全額を満たしていなくとも、不動産は金融機関から融資を受け購入できるということです。ですから、頭金を基に、毎月ローンを支払っていれば、元利金等支払いの金利部分は金融機関に支払いながらも自分の資産になっていきます。考え方を変えれば、金融機関にローンを返済しているようですが、その不動産に住みながら（占有しながら）定額で少しずつ資産を買い足しているのと同じだと考えることができます。

自らが投資家であり、自らがテナントでもある、テナントとしての支払額（賃料）がオーナーとしてのローン返済額より大きければキャッシュフローがつくれます（この支払額が賃貸を借りた場合と同等の額でなければ比較はできません）。このキャッシュフローと自己投資額という頭金が、自己資本投資回収率（ROE）の収益率をよくしていれば、レバレッジ効果による利益とキャッシュフローを生みます。まして投資効率のよい不動産は、市場の不動産価格にあまり影響されず新たな投資家に投資不動産として売却も可能となります（キャピタルゲインのみを狙っているわけではありません）。

ですから自宅を購入する際にも、DCF法による判断を行えば、まずその不動産が高いのか、リーズナブルなのかが判断できるのです。

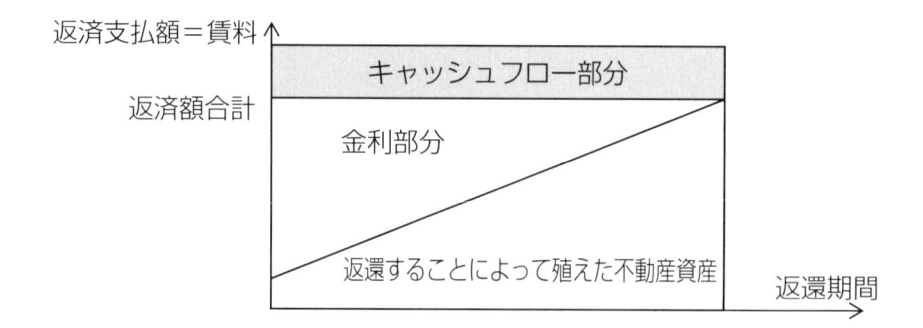

不動産投資を勉強することは、世の中の流れを見る目も養われ、不動産に限らず世の中が見えてきます。

　イチロー選手がゲームにおいて活躍している裏には、絶え間ない練習と努力があります。不動産投資に限らず、われわれは社会人として常にビジネスの最前線にいます。毎日が実践の連続です。

　しかし、イチロー選手のようにわれわれは実践の現場で勝つために（成功するために）、日々絶え間ない練習と努力を重ねているでしょうか。

　このことからも分かるように、そんな簡単に不動産投資は、われわれに成功をもたらしてはくれません。しかし、あきらめることはありません。基本を身に付けていれば不動産投資というフィールドで、転ぶことがあっても大ケガをすることはなく、また練習次第で不動産投資のフィールドにおいてメジャーリーガーになることも可能です。

　本書を最後までお読みいただきありがとうございました。きっとすばらしい未来が見えてきたことと思います。

　みなさまの成功をお祈りいたします。

2008年6月

石橋　克好

巻末　付録

1 償還基金率　一覧表

2 複利現価率　一覧表

3 年賦償還率　一覧表
（年額・元利均等償還率）

4 年賦償還率　一覧表
（月額・元利均等償還率）

1　償還基金率

年	2.00%	2.50%	3.00%	3.50%	4.00%	4.25%
1	1.000000	1.000000	1.000000	1.000000	1.000000	1.000000
2	0.495050	0.493827	0.492611	0.491400	0.490196	0.489596
3	0.326755	0.325137	0.323530	0.321934	0.320349	0.319560
4	0.242624	0.240818	0.239027	0.237251	0.235490	0.234615
5	0.192158	0.190247	0.188355	0.186481	0.184627	0.183707
6	0.158526	0.156550	0.154598	0.152668	0.150762	0.149817
7	0.134512	0.132495	0.130506	0.128544	0.126610	0.125652
8	0.116510	0.114467	0.112456	0.110477	0.108528	0.107565
9	0.102515	0.100457	0.098434	0.096446	0.094493	0.093529
10	0.091327	0.089259	0.087231	0.085241	0.083291	0.082330
11	0.082178	0.080106	0.078077	0.076092	0.074149	0.073193
12	0.074546	0.072487	0.070462	0.068484	0.066552	0.065603
13	0.068118	0.066048	0.064030	0.062062	0.060144	0.059203
14	0.062602	0.060537	0.058526	0.056571	0.054669	0.053738
15	0.578250	0.055766	0.053767	0.051825	0.049941	0.049020
16	0.053650	0.051599	0.049611	0.047685	0.045820	0.044910
17	0.049970	0.047928	0.045953	0.044943	0.042199	0.041300
18	0.046702	0.044670	0.042709	0.040817	0.038993	0.038107
19	0.043782	0.041761	0.039814	0.037940	0.036139	0.035264
20	0.041157	0.039147	0.037216	0.035361	0.033582	0.032720
21	0.038785	0.036787	0.034872	0.033037	0.031280	0.030431
22	0.036631	0.034647	0.032747	0.030932	0.029199	0.028362
23	0.034668	0.032696	0.030814	0.029019	0.027309	0.026486
24	0.032871	0.030913	0.029047	0.027273	0.025587	0.024776
25	0.031220	0.029276	0.027428	0.025674	0.024012	0.023215
26	0.029699	0.027769	0.025938	0.024205	0.022567	0.021783
27	0.028293	0.026377	0.024564	0.022852	0.021239	0.020467
28	0.026990	0.025088	0.023293	0.021603	0.020013	0.019255
29	0.025778	0.023891	0.022115	0.020445	0.018880	0.018135
30	0.024650	0.022778	0.021019	0.019371	0.178300	0.017098
31	0.023596	0.021739	0.019999	0.018372	0.016855	0.016137
32	0.022611	0.020768	0.019047	0.017442	0.015949	0.015243
33	0.021687	0.019859	0.018156	0.016572	0.015104	0.014410
34	0.020819	0.019007	0.017322	0.015760	0.014315	0.013635
35	0.020002	0.018206	0.016539	0.014998	0.013577	0.012910

償還基金率

年	4.50%	4.75%	5.00%	5.25%	5.50%	5.75%
1	1.000000	1.000000	1.000000	1.000000	1.000000	1.000000
2	0.488998	0.488400	0.487805	0.487211	0.486618	0.486027
3	0.318773	0.317990	0.317209	0.316430	0.315654	0.314881
4	0.233744	0.232876	0.232012	0.231151	0.230294	0.229441
5	0.182792	0.181881	0.180975	0.180073	0.179176	0.178284
6	0.148878	0.147945	0.147017	0.146095	0.145179	0.144268
7	0.124701	0.123757	0.122820	0.121889	0.120964	0.120046
8	0.106610	0.105662	0.104722	0.103789	0.102864	0.101946
9	0.092574	0.091628	0.090690	0.089761	0.088839	0.087927
10	0.081379	0.080437	0.079505	0.078582	0.077668	0.076763
11	0.072248	0.071313	0.070389	0.069475	0.068571	0.067677
12	0.064666	0.063740	0.062825	0.061922	0.061029	0.060148
13	0.058275	0.057360	0.056456	0.055564	0.054684	0.053816
14	0.052820	0.051916	0.051024	0.050145	0.049279	0.048426
15	0.048114	0.047221	0.046342	0.045477	0.044626	0.043788
16	0.044015	0.043135	0.042270	0.041419	0.040583	0.039760
17	0.040418	0.039551	0.038699	0.037863	0.037042	0.036236
18	0.037237	0.036383	0.035546	0.034725	0.033920	0.033130
19	0.034407	0.033568	0.032745	0.031939	0.031150	0.030377
20	0.031876	0.031050	0.030243	0.029452	0.028679	0.027923
21	0.029601	0.028789	0.027996	0.027221	0.026465	0.025726
22	0.027546	0.026748	0.025971	0.025212	0.024471	0.023749
23	0.025682	0.024900	0.024137	0.023394	0.022670	0.021965
24	0.023987	0.023219	0.022471	0.021743	0.021036	0.020348
25	0.022439	0.021685	0.020952	0.020241	0.019549	0.018878
26	0.021021	0.020282	0.019564	0.018868	0.018193	0.017539
27	0.019719	0.018994	0.018292	0.017611	0.016952	0.016314
28	0.018521	0.017810	0.017123	0.016457	0.015814	0.015193
29	0.017415	0.016718	0.016046	0.015396	0.014769	0.014163
30	0.016392	0.015709	0.015051	0.014417	0.013805	0.013216
31	0.015443	0.014776	0.014132	0.013513	0.012917	0.012343
32	0.014563	0.013909	0.013289	0.012676	0.012095	0.011538
33	0.013745	0.013105	0.012490	0.011900	0.011335	0.010792
34	0.012982	0.012356	0.011755	0.011180	0.010630	0.010103
35	0.012270	0.011658	0.011072	0.010511	0.009975	0.009463

償還基金率

年	6.00%	6.50%	7.00%	7.50%	8.00%	8.50%
1	1.000000	1.000000	1.000000	1.000000	1.000000	1.000000
2	0.485437	0.484262	0.483092	0.481928	0.480769	0.479616
3	0.314110	0.312576	0.311052	0.309538	0.308034	0.306539
4	0.228591	0.226903	0.225228	0.223568	0.221921	0.220288
5	0.177396	0.175635	0.173891	0.172165	0.170456	0.168766
6	0.143363	0.141568	0.139796	0.138045	0.136315	0.134607
7	0.119135	0.117331	0.115553	0.113800	0.112072	0.110369
8	0.101036	0.099237	0.097468	0.095727	0.094015	0.092331
9	0.087022	0.085238	0.083486	0.081767	0.080080	0.078424
10	0.075868	0.074105	0.072378	0.070686	0.069029	0.067408
11	0.066793	0.065055	0.063357	0.061697	0.060076	0.058493
12	0.059277	0.057568	0.055902	0.054278	0.052695	0.051153
13	0.052960	0.051283	0.049651	0.048064	0.046522	0.045023
14	0.047585	0.045940	0.044245	0.042797	0.041297	0.039842
15	0.042963	0.041353	0.039795	0.038287	0.036830	0.035420
16	0.038952	0.037378	0.035858	0.034391	0.032977	0.031614
17	0.035445	0.033906	0.032425	0.031000	0.029629	0.028312
18	0.032357	0.030855	0.029413	0.028029	0.026702	0.025430
19	0.029621	0.028156	0.026753	0.025411	0.024128	0.022901
20	0.027185	0.025756	0.024393	0.023092	0.021852	0.020671
21	0.025005	0.025005	0.022289	0.021029	0.019832	0.018695
22	0.023046	0.023046	0.020406	0.019187	0.018032	0.016939
23	0.021278	0.021278	0.018714	0.017535	0.016422	0.015372
24	0.019679	0.019679	0.017189	0.016050	0.014978	0.013970
25	0.018227	0.018227	0.015811	0.014711	0.013679	0.012712
26	0.016904	0.016904	0.014561	0.013500	0.012507	0.011580
27	0.015697	0.015697	0.013426	0.012402	0.011448	0.010560
28	0.014593	0.014593	0.012392	0.011405	0.010489	0.009639
29	0.013580	0.013580	0.011449	0.010498	0.009619	0.008806
30	0.012649	0.012649	0.010586	0.009671	0.008827	0.008051
31	0.011792	0.011792	0.009797	0.008916	0.008107	0.007365
32	0.011002	0.011002	0.009073	0.008226	0.007451	0.006742
33	0.010273	0.010273	0.008408	0.007594	0.006852	0.006176
34	0.009598	0.009598	0.007797	0.007015	0.006304	0.005660
35	0.008974	0.008974	0.007234	0.006483	0.005803	0.005189

償還基金率

年	9.00%	9.50%	10.00%
1	1.000000	1.000000	1.000000
2	0.478469	0.477327	0.476190
3	0.305055	0.303580	0.302115
4	0.218669	0.217063	0.215471
5	0.167092	0.165436	0.163797
6	0.132920	0.131253	0.129607
7	0.108691	0.107036	0.105405
8	0.090674	0.089046	0.087444
9	0.076799	0.075205	0.073641
10	0.065820	0.064266	0.062745
11	0.056947	0.055437	0.053963
12	0.049651	0.048188	0.046763
13	0.043567	0.042152	0.040779
14	0.038433	0.037068	0.035746
15	0.034059	0.032744	0.031474
16	0.030300	0.029035	0.027817
17	0.027046	0.025831	0.024664
18	0.024212	0.023046	0.021930
19	0.021730	0.020613	0.019547
20	0.019546	0.018477	0.017460
21	0.017617	0.016594	0.015624
22	0.015905	0.014928	0.014005
23	0.014382	0.013449	0.012572
24	0.013023	0.012134	0.011300
25	0.011806	0.010959	0.010168
26	0.010715	0.009909	0.009159
27	0.009735	0.008969	0.008258
28	0.008852	0.008124	0.007451
29	0.008056	0.007364	0.006728
30	0.007336	0.006681	0.006079
31	0.006686	0.006064	0.005496
32	0.006096	0.005507	0.004972
33	0.005562	0.005004	0.004499
34	0.005077	0.004549	0.004074
35	0.004636	0.004138	0.003690

2 複利現価率

年	2.00%	2.50%	3.00%	3.50%	4.00%	4.25%
1	0.980392	0.975610	0.908740	0.966184	0.961538	0.959233
2	0.961169	0.951814	0.942596	0.933511	0.924556	0.920127
3	0.942322	0.928599	0.915142	0.901943	0.888996	0.882616
4	0.923845	0.905951	0.888487	0.871442	0.854804	0.846624
5	0.905731	0.883854	0.862609	0.841973	0.821927	0.812119
6	0.887971	0.862297	0.837484	0.813501	0.790315	0.779011
7	0.870560	0.841265	0.813092	0.785991	0.759918	0.747253
8	0.853490	0.820747	0.789409	0.759412	0.730690	0.716789
9	0.836755	0.800728	0.766417	0.733731	0.702587	0.687568
10	0.820348	0.871198	0.744094	0.708919	0.675564	0.659537
11	0.804263	0.762145	0.722421	0.684946	0.649581	0.632650
12	0.788493	0.743556	0.701380	0.661783	0.624597	0.606858
13	0.773033	0.725420	0.680951	0.639404	0.600574	0.582118
14	0.757875	0.707727	0.661118	0.617782	0.577475	0.558387
15	0.743015	0.690466	0.641862	0.596891	0.555265	0.535623
16	0.728446	0.673625	0.623167	0.576706	0.533908	0.513787
17	0.714163	0.657195	0.605016	0.557204	0.513373	0.492841
18	0.700159	0.641166	0.587395	0.538361	0.493628	0.472749
19	0.686431	0.625528	0.570286	0.520156	0.474642	0.453477
20	0.672971	0.610271	0.553676	0.502566	0.456387	0.434989
21	0.659776	0.595386	0.537549	0.485571	0.438834	0.417256
22	0.646839	0.580865	0.521893	0.469151	0.421955	0.400246
23	0.634156	0.566697	0.506692	0.453286	0.405726	0.383929
24	0.621721	0.552875	0.491934	0.437957	0.390121	0.368277
25	0.609531	0.539391	0.477606	0.423147	0.375117	0.353263
26	0.597579	0.526235	0.463695	0.408838	0.360069	0.338862
27	0.585862	0.513400	0.450189	0.395012	0.346817	0.325047
28	0.574375	0.500878	0.437077	0.381654	0.333477	0.311796
29	0.563112	0.488661	0.424346	0.368748	0.320651	0.299085
30	0.552071	0.476743	0.411987	0.356278	0.308319	0.286892
31	0.541246	0.465115	0.399987	0.344230	0.296460	0.275196
32	0.530633	0.453771	0.388337	0.332590	0.285058	0.263977
33	0.520229	0.442703	0.377026	0.321343	0.274094	0.253215
34	0.510028	0.431905	0.366045	0.310476	0.263552	0.242892
35	0.500028	0.421371	0.355383	0.299977	0.253415	0.232990

複利現価率

年	4.50%	4.75%	5.00%	5.25%	5.50%	5.75%
1	0.956938	0.954654	0.952381	0.950119	0.947867	0.945626
2	0.915730	0.911364	0.907029	0.902726	0.898452	0.894209
3	0.876297	0.870037	0.863838	0.857697	0.851614	0.845588
4	0.838561	0.830585	0.822702	0.814914	0.807217	0.799611
5	0.802451	0.792921	0.783526	0.774265	0.765134	0.756133
6	0.767896	0.756965	0.746215	0.735643	0.725246	0.715019
7	0.734828	0.722640	0.710681	0.698949	0.687437	0.676141
8	0.703185	0.689871	0.676839	0.664084	0.651599	0.639377
9	0.672904	0.658588	0.644609	0.630959	0.617629	0.646120
10	0.643928	0.628723	0.613913	0.599486	0.585431	0.571737
11	0.616199	0.600213	0.584679	0.569583	0.554911	0.540650
12	0.589664	0.572996	0.556837	0.542171	0.525982	0.511253
13	0.564272	0.547013	0.530321	0.514177	0.498561	0.483454
14	0.539973	0.522208	0.505068	0.488529	0.472569	0.457167
15	0.516720	0.498528	0.481017	0.464161	0.447933	0.432309
16	0.494469	0.475922	0.458112	0.441008	0.424581	0.408803
17	0.473176	0.454341	0.436297	0.419010	0.402447	0.386575
18	0.452800	0.433738	0.415521	0.398109	0.381466	0.065555
19	0.433302	0.414070	0.395734	0.378251	0.361579	0.345679
20	0.414643	0.395293	0.376889	0.359383	0.342729	0.326883
21	0.396787	0.377368	0.358942	0.341457	0.324862	0.309109
22	0.379701	0.360256	0.341850	0.324425	0.307926	0.292302
23	0.363350	0.343920	0.325571	0.308242	0.291873	0.276408
24	0.347703	0.328324	0.310068	0.292866	0.276657	0.261379
25	0.332731	0.313436	0.295303	0.278258	0.262234	0.247167
26	0.318402	0.299223	0.281241	0.264378	0.248563	0.233728
27	0.304691	0.285655	0.267848	0.251190	0.235605	0.221019
28	0.291571	0.272701	0.255094	0.238661	0.223322	0.209002
29	0.279015	0.260335	0.242964	0.226756	0.211679	0.197637
30	0.267000	0.248530	0.231377	0.215445	0.200644	0.186891
31	0.255502	0.237260	0.220359	0.204699	0.190184	0.176729
32	0.244500	0.226501	0.209866	0.194488	0.180269	0.167120
33	0.233971	0.216231	0.199873	0.184787	0.170871	0.158033
34	0.223896	0.206425	0.190355	0.175569	0.161963	0.149440
35	0.214254	0.197065	0.181290	0.166812	0.153520	0.141315

複利現価率

年	6.00%	6.50%	7.00%	7.50%	8.00%	8.50%
1	0.943396	0.938967	0.934579	0.930233	0.925926	0.921659
2	0.889996	0.881659	0.873439	0.865333	0.857339	0.849455
3	0.839619	0.827849	0.816298	0.804961	0.793832	0.782908
4	0.792094	0.777323	0.762895	0.748801	0.735030	0.721574
5	0.747258	0.729881	0.712986	0.696559	0.680583	0.665045
6	0.704961	0.685334	0.666342	0.647962	0.630170	0.612945
7	0.665057	0.643506	0.622750	0.602755	0.583490	0.564926
8	0.627412	0.064231	0.582009	0.560702	0.540269	0.520669
9	0.591898	0.567353	0.543934	0.521583	0.500249	0.479880
10	0.558395	0.532726	0.508349	0.485194	0.463193	0.442285
11	0.526788	0.500212	0.475093	0.451343	0.428883	0.407636
12	0.496969	0.469683	0.444012	0.419854	0.397114	0.375702
13	0.468839	0.441017	0.414964	0.390562	0.367698	0.346269
14	0.442301	0.414100	0.387817	0.363313	0.340461	0.319142
15	0.417265	0.388827	0.362446	0.337966	0.315242	0.294140
16	0.393646	0.365095	0.338735	0.314387	0.291890	0.271097
17	0.371364	0.342813	0.316574	0.292453	0.270269	0.249859
18	0.350344	0.321890	0.295864	0.272049	0.250249	0.230285
19	0.330513	0.302244	0.276508	0.253069	0.231712	0.212244
20	0.311805	0.283797	0.258419	0.235413	0.214548	0.195616
21	0.294155	0.266476	0.241513	0.218989	0.198656	0.180292
22	0.277505	0.250212	0.225713	0.203711	0.183941	0.166167
23	0.261797	0.234941	0.210947	0.189498	0.170315	0.153150
24	0.246979	0.220602	0.197147	0.176277	0.157699	0.141152
25	0.232999	0.207138	0.184249	0.163979	0.146018	0.130094
26	0.219810	0.194496	0.172195	0.152539	0.135202	0.119902
27	0.207368	0.182625	0.160930	0.141896	0.125187	0.110509
28	0.195630	0.171479	0.150402	0.131997	0.115914	0.101851
29	0.184557	0.161013	0.140563	0.122788	0.107328	0.093872
30	0.174110	0.151186	0.131367	0.114221	0.099377	0.086518
31	0.164255	0.141959	0.122773	0.106252	0.092016	0.079740
32	0.154957	0.133295	0.114741	0.098839	0.085200	0.073493
33	0.146186	0.125159	0.107235	0.091943	0.078889	0.067736
34	0.137912	0.117520	0.100219	0.085529	0.073045	0.062429
35	0.130105	0.110348	0.093663	0.079562	0.067635	0.057539

複利現価率

年	9.00%	9.50%	10.00%
1	0.917431	0.913242	0.909091
2	0.841680	0.834011	0.826446
3	0.772183	0.761654	0.751315
4	0.708425	0.695574	0.683013
5	0.649931	0.635228	0.620921
6	0.596267	0.580117	0.564474
7	0.547034	0.529787	0.513158
8	0.501866	0.483824	0.466507
9	0.460428	0.441848	0.424098
10	0.422411	0.403514	0.385543
11	0.387533	0.368506	0.350494
12	0.355535	0.336535	0.318631
13	0.326179	0.307338	0.289664
14	0.299246	0.280674	0.263331
15	0.274538	0.256323	0.239392
16	0.251870	0.234085	0.217629
17	0.231073	0.213777	0.197845
18	0.211994	0.195230	0.179859
19	0.194490	0.178292	0.163508
20	0.178431	0.162824	0.148644
21	0.163698	0.148697	0.135131
22	0.150182	0.135797	0.122846
23	0.137781	0.124015	0.111678
24	0.126405	0.113256	0.101526
25	0.115968	0.103430	0.092296
26	0.106393	0.094457	0.083905
27	0.097608	0.086262	0.076278
28	0.089548	0.787780	0.069343
29	0.082155	0.071943	0.063039
30	0.075371	0.065702	0.057309
31	0.069148	0.060002	0.052099
32	0.063438	0.054796	0.047362
33	0.058200	0.050042	0.043057
34	0.053395	0.045700	0.039143
35	0.048986	0.041736	0.035584

3 年賦償還率（年額・元利均等償還率）

年	2.00%	2.50%	3.00%	3.50%	4.00%	4.25%
1	1.020000	1.025000	1.030000	1.035000	1.040000	1.042500
2	0.515050	0.518827	0.522611	0.526400	0.530196	0.532096
3	0.346755	0.350137	0.353530	0.356934	0.360349	0.362060
4	0.262624	0.265818	0.269027	0.272251	0.275490	0.277115
5	0.212158	0.215247	0.218355	0.221481	0.224627	0.226207
6	0.178526	0.181550	0.184598	0.187668	0.190762	0.192317
7	0.154512	0.157495	0.160506	0.163544	0.166610	0.168152
8	0.136510	0.139467	0.142456	0.145477	0.148528	0.150065
9	0.122515	0.125457	0.128434	0.131446	0.134493	0.136029
10	0.111327	0.114259	0.117231	0.120241	0.123291	0.124830
11	0.102178	0.105106	0.108077	0.111092	0.114149	0.115693
12	0.094560	0.097487	0.100462	0.103484	0.106552	0.108103
13	0.088118	0.091048	0.094030	0.097062	0.100144	0.101703
14	0.082602	0.085537	0.088526	0.091571	0.094669	0.096238
15	0.077825	0.080766	0.083767	0.086825	0.089941	0.091520
16	0.073650	0.076599	0.079611	0.082685	0.085820	0.087410
17	0.069970	0.072928	0.075953	0.079043	0.082199	0.083800
18	0.066702	0.069670	0.072709	0.075817	0.078993	0.080607
19	0.063782	0.066761	0.069814	0.072940	0.076139	0.777640
20	0.061157	0.064147	0.067216	0.070361	0.073582	0.075220
21	0.058785	0.061787	0.064872	0.068037	0.071280	0.072931
22	0.056631	0.059647	0.062747	0.065932	0.069199	0.070862
23	0.054668	0.057696	0.060814	0.064019	0.067309	0.068986
24	0.052871	0.055913	0.059047	0.062273	0.065587	0.067276
25	0.051220	0.054276	0.057428	0.060674	0.064012	0.065715
26	0.049699	0.052769	0.055938	0.059205	0.062567	0.064283
27	0.048293	0.051377	0.054564	0.057852	0.061239	0.062967
28	0.046990	0.050088	0.053293	0.056603	0.060013	0.061755
29	0.045778	0.048891	0.052115	0.055445	0.058880	0.060635
30	0.044650	0.047778	0.051019	0.054371	0.057830	0.059598
31	0.043596	0.046739	0.049999	0.053372	0.056855	0.058637
32	0.042611	0.045768	0.049047	0.052442	0.055949	0.057743
33	0.041687	0.044859	0.048156	0.051572	0.055104	0.056911
34	0.040819	0.044007	0.047322	0.050760	0.054315	0.056135
35	0.040002	0.043206	0.046539	0.049998	0.053577	0.055410

年賦償還率（年額・元利均等償還率）

年	4.50%	4.75%	5.00%	5.25%	5.50%	5.75%
1	1.045000	1.047500	1.050000	1.052500	1.050000	1.057500
2	0.533998	0.535900	0.537805	0.539711	0.541618	0.543527
3	0.363773	0.365490	0.367209	0.368930	0.370654	0.372381
4	0.278744	0.280376	0.282012	0.283651	0.285294	0.286941
5	0.227792	0.229381	0.230975	0.232573	0.234176	0.235784
6	0.193878	0.195445	0.197017	0.198595	0.200179	0.201768
7	0.169701	0.171257	0.172820	0.174389	0.175964	0.177546
8	0.151610	0.153162	0.154722	0.156289	0.157864	0.159446
9	0.137574	0.139128	0.140690	0.142261	0.143839	0.145427
10	0.126379	0.127937	0.129505	0.131082	0.132668	0.134263
11	0.117248	0.118813	0.120389	0.121975	0.123571	0.125177
12	0.109666	0.111240	0.112825	0.114422	0.116029	0.117648
13	0.103275	0.104860	0.106456	0.108064	0.109684	0.111316
14	0.097820	0.099416	0.101024	0.102645	0.104279	0.105926
15	0.093114	0.094721	0.096342	0.097977	0.099626	0.101288
16	0.089015	0.090635	0.092270	0.093919	0.095583	0.097260
17	0.085418	0.087051	0.088699	0.090363	0.092042	0.093736
18	0.082237	0.083883	0.085546	0.087225	0.088920	0.090630
19	0.079407	0.081068	0.082745	0.084439	0.086150	0.087877
20	0.076876	0.078550	0.080243	0.081952	0.083679	0.085423
21	0.074601	0.076289	0.779960	0.079721	0.081465	0.083226
22	0.072546	0.074248	0.075971	0.077712	0.079471	0.081249
23	0.070682	0.072400	0.074137	0.075894	0.077670	0.079465
24	0.068987	0.070719	0.072471	0.074243	0.076036	0.077848
25	0.067439	0.069185	0.070952	0.072741	0.074549	0.076378
26	0.066021	0.067782	0.069564	0.071368	0.073193	0.075039
27	0.064719	0.066494	0.068292	0.070111	0.071952	0.073814
28	0.063521	0.065310	0.067123	0.068957	0.070814	0.072693
29	0.062415	0.064218	0.066046	0.067896	0.069769	0.071663
30	0.061392	0.063209	0.065051	0.066917	0.068805	0.070716
31	0.060443	0.062276	0.064132	0.066013	0.067917	0.069843
32	0.059563	0.061409	0.063280	0.065176	0.067095	0.069038
33	0.058745	0.060605	0.062490	0.064400	0.066335	0.068292
34	0.057982	0.059856	0.061755	0.063680	0.065630	0.067603
35	0.057270	0.059158	0.061072	0.063011	0.064975	0.066963

年賦償還率（年額・元利均等償還率）

年	6.00%	6.50%	7.00%	7.50%	8.00%	8.50%
1	1.060000	1.065000	1.070000	1.075000	1.080000	1.085000
2	0.545437	0.549262	0.553092	0.556928	0.560769	0.564616
3	0.374110	0.377576	0.381052	0.384538	0.388034	0.391539
4	0.288591	0.291903	0.295228	0.298568	0.301921	0.305288
5	0.237396	0.240635	0.243891	0.247165	0.250456	0.253766
6	0.203363	0.206568	0.209796	0.213045	0.216315	0.219607
7	0.179135	0.182331	0.185553	0.188800	0.192072	0.195369
8	0.161036	0.164237	0.167468	0.170727	0.174015	0.177331
9	0.147022	0.150238	0.153486	0.156767	0.160080	0.163424
10	0.135868	0.139105	0.142378	0.145686	0.149029	0.152408
11	0.126793	0.130055	0.133357	0.136697	0.140076	0.143493
12	0.119277	0.122568	0.125902	0.129278	0.132695	0.136153
13	0.112960	0.116283	0.119651	0.123064	0.126522	0.130023
14	0.107585	0.110940	0.114345	0.117797	0.121297	0.124842
15	0.102963	0.106353	0.109795	0.113287	0.116830	0.120420
16	0.098952	0.102378	0.105858	0.109391	0.112977	0.116614
17	0.095445	0.098906	0.102425	0.106000	0.109629	0.113312
18	0.092357	0.095855	0.099413	0.103029	0.106702	0.110430
19	0.089621	0.093156	0.096753	0.100411	0.104128	0.107901
20	0.087185	0.090756	0.094393	0.098092	0.101852	0.105671
21	0.085005	0.088613	0.092289	0.096029	0.099832	0.103695
22	0.083046	0.086691	0.090406	0.094187	0.098032	0.101939
23	0.081278	0.084961	0.088714	0.092535	0.096422	0.100372
24	0.079679	0.083398	0.087189	0.091050	0.094978	0.098970
25	0.078227	0.081981	0.085811	0.089711	0.093679	0.097712
26	0.076904	0.080695	0.084561	0.088500	0.092507	0.096580
27	0.075697	0.079523	0.083426	0.087402	0.091448	0.095560
28	0.074593	0.078453	0.082392	0.086405	0.090489	0.094639
29	0.073580	0.077474	0.081449	0.085498	0.089619	0.093806
30	0.072649	0.076577	0.080586	0.084671	0.088827	0.093051
31	0.071792	0.075754	0.079797	0.083916	0.088107	0.092365
32	0.071002	0.074997	0.079073	0.083226	0.087451	0.091742
33	0.070273	0.074299	0.078408	0.082594	0.086852	0.091176
34	0.069598	0.073656	0.077797	0.082015	0.086304	0.090660
35	0.068974	0.073062	0.077234	0.081483	0.085803	0.090189

年賦償還率（年額・元利均等償還率）

年	9.00%	9.50%	10.00%
1	1.090000	1.095000	1.100000
2	0.568469	0.572327	0.576190
3	0.395055	0.398680	0.402115
4	0.308669	0.312063	0.315471
5	0.257092	0.260436	0.263797
6	0.222920	0.226253	0.229607
7	0.198691	0.202036	0.205405
8	0.180674	0.184046	0.187444
9	0.166799	0.170205	0.173641
10	0.155820	0.159266	0.162745
11	0.146947	0.150437	0.153963
12	0.139651	0.143188	0.146763
13	0.133567	0.137152	0.140779
14	0.128433	0.132068	0.135746
15	0.124059	0.127744	0.131474
16	0.120300	0.124035	0.127817
17	0.117046	0.120831	0.124664
18	0.114212	0.118046	0.121930
19	0.111730	0.115613	0.119547
20	0.109546	0.113477	0.117460
21	0.107617	0.111594	0.115624
22	0.105905	0.109928	0.114005
23	0.104382	0.108449	0.112572
24	0.103023	0.107134	0.111300
25	0.101806	0.105959	0.110168
26	0.100715	0.104909	0.109159
27	0.099735	0.103969	0.108258
28	0.098852	0.103124	0.107451
29	0.098056	0.102364	0.106728
30	0.097336	0.101681	0.106079
31	0.096686	0.101064	0.105496
32	0.096096	0.100507	0.104972
33	0.095562	0.100004	0.104499
34	0.095077	0.099549	0.104074
35	0.094636	0.099138	0.103690

4　年賦償還率（月額・元利均等償還率）

年	2.00%	2.50%	3.00%	3.50%	4.00%	4.25%
1	0.084239	0.084446	0.084694	0.084922	0.085150	0.085264
2	0.042540	0.042760	0.042981	0.043203	0.043425	0.043536
3	0.028643	0.028861	0.029081	0.029302	0.029524	0.029635
4	0.021695	0.021914	0.022134	0.022356	0.022579	0.022691
5	0.017528	0.017747	0.017969	0.018192	0.018417	0.018530
6	0.014750	0.014971	0.015194	0.015418	0.015645	0.015759
7	0.012767	0.012989	0.013213	0.013440	0.013669	0.013784
8	0.011281	0.011504	0.011730	0.119580	0.012189	0.012306
9	0.010125	0.010350	0.010577	0.010807	0.011041	0.011159
10	0.009201	0.009427	0.009427	0.009889	0.010125	0.010244
11	0.008446	0.008673	0.008673	0.009138	0.009377	0.009497
12	0.007817	0.008045	0.008045	0.008515	0.008755	0.008877
13	0.007285	0.007515	0.007515	0.007988	0.008231	0.008354
14	0.006829	0.007061	0.007061	0.007538	0.007783	0.007908
15	0.006435	0.006668	0.006668	0.007149	0.007397	0.007523
16	0.006090	0.006325	0.006325	0.006809	0.007060	0.007187
17	0.005786	0.006022	0.006022	0.006511	0.006764	0.006893
18	0.005517	0.005754	0.005754	0.006247	0.006502	0.006632
19	0.005276	0.005514	0.005514	0.006011	0.006269	0.006400
20	0.005059	0.005299	0.005299	0.005800	0.006060	0.006192
21	0.004863	0.005105	0.005105	0.005609	0.005872	0.006006
22	0.004685	0.004928	0.004928	0.005437	0.005702	0.005837
23	0.004523	0.004768	0.004768	0.005280	0.005548	0.005684
24	0.004375	0.004621	0.004621	0.005137	0.005407	0.005545
25	0.004239	0.004486	0.004486	0.005006	0.005278	0.005417
26	0.004113	0.004362	0.004362	0.004886	0.005160	0.005301
27	0.003997	0.004247	0.004247	0.004775	0.005052	0.005194
28	0.003889	0.004141	0.004141	0.004673	0.004952	0.005095
29	0.003789	0.004043	0.004043	0.004578	0.004860	0.005004
30	0.003696	0.003951	0.003951	0.004490	0.004774	0.004919
31	0.003609	0.003866	0.003866	0.004409	0.004695	0.004841
32	0.003528	0.003786	0.003786	0.004333	0.004621	0.004768
33	0.003452	0.003711	0.003771	0.004262	0.004552	0.004701
34	0.003380	0.003641	0.003641	0.004195	0.004488	0.004638
35	0.003313	0.003575	0.003575	0.004133	0.004428	0.004579

年賦償還率（月額・元利均等償還率）

年	4.50%	4.75%	5.00%	5.25%	5.50%	5.75%
1	0.085379	0.085493	0.085607	0.085722	0.085837	0.085952
2	0.043648	0.043760	0.043871	0.043983	0.044096	0.044208
3	0.029747	0.029859	0.029971	0.030083	0.030196	0.030309
4	0.022803	0.022916	0.023029	0.023143	0.023256	0.023371
5	0.018643	0.018757	0.018871	0.018986	0.019101	0.019217
6	0.015874	0.015989	0.016105	0.016221	0.016338	0.016455
7	0.013900	0.014017	0.014134	0.014252	0.014370	0.014489
8	0.012423	0.012541	0.012660	0.012779	0.012899	0.013020
9	0.011278	0.011397	0.011517	0.011638	0.011760	0.011882
10	0.010364	0.010485	0.010607	0.010729	0.010853	0.010977
11	0.009619	0.009741	0.009864	0.009989	0.010853	0.010240
12	0.009000	0.009124	0.009249	0.009375	0.010114	0.009630
13	0.008479	0.008604	0.008731	0.008858	0.009502	0.009116
14	0.008034	0.008161	0.008289	0.008418	0.008987	0.008680
15	0.007650	0.007778	0.007908	0.008039	0.008548	0.008304
16	0.007316	0.007446	0.007577	0.007709	0.008171	0.007978
17	0.007022	0.007154	0.007287	0.007421	0.007843	0.007693
18	0.006763	0.006896	0.007030	0.007166	0.007556	0.007442
19	0.006533	0.006667	0.006803	0.006940	0.007303	0.007219
20	0.006326	0.006462	0.006600	0.006738	0.007079	0.007021
21	0.006141	0.006278	0.006417	0.006558	0.006879	0.006843
22	0.005974	0.006112	0.006253	0.006395	0.006700	0.006684
23	0.005822	0.005962	0.006104	0.006248	0.006538	0.006540
24	0.005684	0.005826	0.005969	0.006114	0.006393	0.006409
25	0.005558	0.005701	0.005846	0.005992	0.006261	0.006291
26	0.005443	0.005587	0.005733	0.005882	0.006141	0.006183
27	0.005337	0.005483	0.005630	0.005780	0.006031	0.006085
28	0.005240	0.005387	0.005536	0.005687	0.005931	0.005995
29	0.005150	0.005298	0.005449	0.005601	0.005840	0.005912
30	0.005067	0.005216	0.005368	0.005522	0.005755	0.005836
31	0.004990	0.005141	0.005294	0.005449	0.005678	0.005766
32	0.004918	0.005071	0.005225	0.005382	0.005606	0.005701
33	0.004852	0.005006	0.005161	0.005319	0.005540	0.005641
34	0.004790	0.004945	0.005102	0.005261	0.005479	0.005586
35	0.004733	0.004889	0.005047	0.005207	0.005423	0.005535

年賦償還率（月額・元利均等償還率）

年	6.00%	6.50%	7.00%	7.50%	8.00%	8.50%
1	0.086066	0.086296	0.086527	0.086757	0.086988	0.087220
2	0.044321	0.044546	0.044773	0.045000	0.045227	0.045456
3	0.030422	0.030649	0.030877	0.031106	0.031336	0.031568
4	0.023485	0.023715	0.023946	0.024179	0.024413	0.024648
5	0.019333	0.019566	0.019801	0.020038	0.020276	0.020517
6	0.016573	0.016810	0.017049	0.017290	0.017533	0.017778
7	0.014609	0.014849	0.015093	0.015338	0.015586	0.015836
8	0.013141	0.013386	0.013634	0.013884	0.014137	0.014392
9	0.012006	0.012255	0.012506	0.012761	0.013019	0.013279
10	0.011102	0.011355	0.011611	0.011870	0.012133	0.012399
11	0.010367	0.010624	0.010884	0.011148	0.011415	0.011686
12	0.009759	0.010019	0.010284	0.010552	0.010825	0.011101
13	0.009247	0.009512	0.009781	0.010054	0.010331	0.010612
14	0.008812	0.009081	0.009354	0.009631	0.009913	0.010199
15	0.008439	0.008711	0.008988	0.009270	0.009557	0.009847
16	0.008114	0.008391	0.008672	0.008958	0.009249	0.009545
17	0.007831	0.008111	0.008397	0.008687	0.008983	0.009283
18	0.007582	0.007866	0.008155	0.008450	0.008750	0.009055
19	0.007361	0.007649	0.007942	0.008241	0.008545	0.008854
20	0.007164	0.007456	0.007753	0.008056	0.008364	0.008678
21	0.006989	0.007284	0.007585	0.007892	0.008204	0.008522
22	0.006831	0.007129	0.007434	0.007745	0.008062	0.008384
23	0.006688	0.006991	0.007299	0.007614	0.007935	0.008261
24	0.006560	0.006865	0.007178	0.007496	0.007821	0.008151
25	0.006443	0.006752	0.007068	0.007390	0.007718	0.008052
26	0.006337	0.006649	0.006968	0.007294	0.007626	0.007964
27	0.006240	0.006556	0.006878	0.007207	0.007543	0.007884
28	0.006151	0.006470	0.006796	0.007129	0.007468	0.007812
29	0.006070	0.006392	0.006721	0.007057	0.007399	0.007748
30	0.005996	0.006321	0.006653	0.006992	0.007338	0.007689
31	0.005927	0.006225	0.006591	0.006933	0.007281	0.007636
32	0.005864	0.006195	0.006533	0.006879	0.007230	0.007588
33	0.005806	0.006140	0.006481	0.006829	0.007184	0.007544
34	0.005752	0.006089	0.006433	0.006784	0.007141	0.007505
35	0.005702	0.006042	0.006389	0.006742	0.007103	0.007469

年賦償還率（月額・元利均等償還率）

年	9.00%	9.50%	10.00%
1	0.087451	0.087684	0.087916
2	0.045685	0.045914	0.046145
3	0.031800	0.032033	0.032267
4	0.024885	0.025123	0.025363
5	0.020758	0.021002	0.021247
6	0.018026	0.018275	0.018526
7	0.016089	0.016344	0.016601
8	0.014650	0.014911	0.015174
9	0.013543	0.013809	0.014079
10	0.012668	0.012940	0.013215
11	0.011961	0.012239	0.012520
12	0.011380	0.011664	0.011951
13	0.010897	0.011186	0.011478
14	0.010489	0.010784	0.011082
15	0.010143	0.010442	0.010746
16	0.009845	0.010150	0.010459
17	0.009588	0.009898	0.010212
18	0.009364	0.009679	0.009998
19	0.009169	0.009488	0.009813
20	0.008997	0.009321	0.009650
21	0.008846	0.009174	0.009508
22	0.008712	0.009045	0.009382
23	0.008593	0.008930	0.009272
24	0.008487	0.008828	0.009174
25	0.008392	0.008737	0.009087
26	0.008307	0.008656	0.009010
27	0.008231	0.008584	0.008941
28	0.008163	0.008519	0.008880
29	0.008102	0.008461	0.008825
30	0.008046	0.008409	0.008776
31	0.007996	0.008362	0.008732
32	0.007951	0.008319	0.008692
33	0.007910	0.008281	0.008657
34	0.007873	0.008247	0.008625
35	0.007840	0.008216	0.008597

石橋克好　　　（Katsuyoshi "Robert"　Ishibashi, CPM®）

大学卒業後、日本トムソン株式会社入社
1988年　株式会社松屋入社　不動産の仲介に従事
1995年　株式会社松屋　代表取締役社長に就任
2000年　IREM　公式研修に参加
2003年　6月　CPM検定試験・MPSA試験合格
2004年　3月　CPM資格認定
　　　　　　　CPM登録　登録番号 No.18515
　　　　　　　（登録番号は、IREM発足以来、私が18515番目
　　　　　　　　の認定者であることを示しています。）
2005年　4月　IREM JAPAN　理事就任
2006年　5月　IREM JAPAN　会長エレクト
2007年　5月　IREM　JAPAN Chapter President

　IREMの正式名はInstitute of Real Estate Managementです。1933年、米国イリノイ州シカゴにて、倫理規定と業法基準を定める不動産経営管理者の協会としてわずか数十名で設立されました。現在は世界に支部を持ち、会員数は約3万人です。会員構成は、公認不動産管理士（CPM®）、認定住宅管理士（ARM®）とそれぞれの候補者からなります。一般会員はいない実務経験を有するプロの集まりです。日本においては、2005年に正式に支部認定を受け、NPO法人　IREM JAPANが支部としての本格的な活動を行っております。（http:www.irem-japan.org/）

　CPM®とは、Certified Property Manager（公認不動産管理士）をいいます。プロパティ・マネジャーとしてIREMの認定した教育課程を修了し、一定の試験に合格し、かつ実務経験を有する業界

人にIREMより与えられるプロパティ・マネジャーの世界最高峰の称号資格です。

　プロパティ・マネジャーは、収益不動産の運営と経営を行い、収益不動産からの最大収益を確保し、不動産価値の最大化を図ることを職務としていますので、CPM®とは不動産を金融資産ととらえて金融工学的評価計算を行い、投資指数を比較検討する能力を有する者のことで、IREMが認定した者に与える最高峰の資格なのです。また、CPM®はこの能力を最大に生かし、収益不動産の運営計画書・マネジメントプランの作成も行います。

株式会社松屋
〒145-0064　東京都大田区上池台1-9-3
(http://www.matsuya-net.jp)

億万長者になりたい人だけの
不動産投資判断の基礎講座

2008年7月15日　初版発行

　　　　　　　著　者　　石橋　克好
　　　　　　　発行者　　中野　博義
　　　　　　　発行所　　㈱住宅新報社

　　　　　　　〒105-0003　東京都港区西新橋1-4-9（TAMビル）
　　　　　　　　　　　　編　集　部　☎　03(3504)0361
　　　　　　　　　　　　出版販売部　☎　03(3502)4151
　　　　　　　　　　　　URL　http://www.jutaku-s.com/

大阪支社　〒530-0005　大阪市北区中之島3-2-4（大阪朝日ビル）☎06(6202)8541㈹

印刷・製本／亜細亜印刷㈱　　　　　　　　　　　　　Printed in Japan
定価はカバーに表示してあります。落丁本・乱丁本はお取り替えいたします。
　　　　　　　　　　　　ISBN978-4-7892-2853-4　C2030